Richard Simonetti

Tua Fé
Te Salvou!

6ª Edição – Março de 2018
1.000 exemplares
20.001 a 21.000

Copyright 2018 by
Centro Espírita Amor e Caridade
Bauru SP

Edição e Distribuição

Rua 15 de Novembro, 8-55
Fone: 14 3227 0618
CEP 17015-041 – Bauru SP
www.editoraceac.com.br
www.radioceac.com.br
www.tvceac.com.br
www.ceac.org.br

Ficha Catalográfica

TUA FÉ TE SALVOU!

Catalogação na Fonte do
Departamento Nacional do Livro

S598t

Simonetti , Richard, 1935 –
Tua fé te salvou! / Richard Simonetti. –
Bauru, SP : CEAC Editora, 2000 .
144 pg. 14x21 cm

ISBN 85-86359-33-5

1. Jesus Cristo - Interpretações
espíritas. 2. Espiritismo. I. Título

CDD-133.9

Ficha Técnica

Coordenação editorial
Renato Leandro de Oliveira

Capa e Diagramação
Luiz Antonio Gonçalves

Revisor - colaborador
Edson de Oliveira

Em certas pessoas, a fé parece de algum modo inata; uma centelha basta para desenvolvê-la.

Essa facilidade de assimilar as verdades espirituais é sinal evidente de anterior progresso.

Em outras pessoas, ao contrário, elas dificilmente penetram, sinal não menos evidente de naturezas retardatárias.

As primeiras já creram e compreenderam; trazem, ao renascerem, a intuição do que souberam; estão com a educação feita; as segundas tudo têm que aprender; estão com a educação por fazer.

Ela, entretanto, se fará e, se não ficar concluída nesta existência, ficará em outra.

Allan Kardec, em O Evangelho segundo o Espiritismo, capítulo XIX.

SUMÁRIO

O MAIS IMPORTANTE 9

O SERVO DO CENTURIÃO 13

TAFOFOBIA 22

A DÚVIDA DE JOÃO 33

O PERDÃO DOS PECADOS 40

A PRESENÇA FEMININA 48

AS PARÁBOLAS 55

PARENTELA 63

ANTE A TEMPESTADE 73

A MORTE DOS PORCOS 80

A CURA PELA FÉ 87

OS SERVIÇOS DA SEARA 98

INSTRUÇÕES AOS SEAREIROS 107

PÃES E PEIXES 117

SOBRE AS ÁGUAS 125

BIBLIOGRAFIA DO AUTOR 135

O MAIS IMPORTANTE

O grande desafio, no trato com o Evangelho, é trazer Jesus para o cotidiano, vivenciar suas lições, imitar seus exemplos, seguir seus passos...

Há abismos a serem transpostos, representados pelas nossas mazelas.

É um processo lento, demorado, marcado por desvios frequentes, sob inspiração de paixões que ainda nos dominam e costumam sinalizar caminhos diferentes.

O recurso capaz de nos conscientizar a respeito de nossas necessidades espirituais, estimulando-nos à vivência do evangelio, é o contato diuturno com os ensinamentos nele contidos, atentos à sua aplicação no dia a dia.

Não obstante o desenvolvimento dos meios de comunicação e o avanço das igrejas cristãs em nossa cultura ocidental, Jesus ainda é um grande desconhecido.

A maioria dos profitentes limita-se às superficialidades do culto.

Se pesquisarmos, indagando às pessoas quando estudaram o Novo Testamento, ouviremos respostas assim:

Há alguns anos...
Não recordo...
Faz tempo...

A maioria:
Nunca...

Sem convivência assídua com a Boa Nova, sem familiaridade com as lições, perdemo-nos em generalidades.

Jesus pregou o amor, o perdão, a caridade, a fé...

Sim, e daí?

O que isso representa em nossa vida?

Qual a repercussão em nosso comportamento?

***

Há uma dificuldade:

Os Evangelhos foram compilados há quase dois mil anos, passaram por inúmeras traduções e chegam ao nosso tempo com linguagem peculiar, construções literárias e expressões próprias do judaísmo e dos tempos de Jesus, o que torna o texto pouco atraente e difícil para os não iniciados.

Nesta série de livros que nos propomos a escrever, tentamos favorecer o leitor com a "conversão" do texto evangélico para o nosso tempo, envolvendo questões fundamentais..

- *a missão de Jesus.*
- *sua condição perante Deus.*
- *as circunstâncias que envolvem suas lições.*
- *a interpretação espírita.*
- *a aplicação prática.*

No primeiro livro, Paz na Terra, *descrevemos os episódios que marcaram o nascimento do Mestre, até o início de seu apostolado.*

Em Levanta-te! *temos algo relacionado com o primeiro ano de divulgação da Boa Nova.*

Nesse livro comentamos passagens importantes que se deram num espaço de tempo próximo ao que situaríamos como o segundo ano de apostolado. Próximo, porque não há nenhuma certeza quanto à cronologia, nem houve preocupação dos evangelistas a esse respeito.

***

Destacam-se, no período, episódios relacionados com a fé, que Jesus situa como a base fundamental para que possamos nos beneficiar de suas bênçãos.

A mulher hemorroíssa, curada a um simples toque nas suas vestes, é o exemplo marcante dos poderes extraordinários que mobilizamos quando cremos em plenitude.

Sem dúvida, sua fé não era gratuita.

Certamente conhecia o Mestre, sabia dos prodígios que operava, ouvira suas pregações...

Se, portanto, pretendemos que Jesus nos ampare, ajudando-nos a superar dificuldades, resolver problemas, curar males, é importante que nos familiarizemos com a sua mensagem, que sintamos sua grandeza.

Espero que estas páginas singelas possam ajudá-lo nesse mister, leitor amigo, e que o inspirem, sobretudo, na compreensão de que melhor que a cura dos males do corpo, Jesus nos oferece a oportunidade de edificação para nossas almas, desde que nos disponhamos a observar suas lições e imitar seus exemplos.

É o mais importante!

Bauru SP, agosto de 2000.

O SERVO DO CENTURIÃO

Mateus, 8:5-13

Lucas, 7:1-10

Nenhum país se submete passivamente ao invasor. Este precisa manter o chamado *exército de ocupação.* É a garantia de domínio do mais forte, a espoliar o mais fraco.

Experientes nesse sentido, os romanos estendiam suas tropas invencíveis por três continentes, impondo a presença indesejável, numa convivência conturbada, marcada por revoltas e rebeliões.

Pior com os judeus.

Orgulhosos de sua nacionalidade, com pretensões de *povo escolhido,* os descendentes de Abraão consideravam inadmissível aquela situação.

Nutriam indisfarçável repulsa por seus dominadores.

Contatos, apenas se inevitáveis. Exigiam, posteriormente, rituais de purificação, como quem desinfeta as mãos após lidar com algo pestilento.

Em face dessa animosidade, foi com surpresa que os apóstolos observaram um centurião aproximar-se de Jesus.

Retornavam a Cafarnaum, após o inesquecível *Sermão da Montanha*, nas proximidades da cidade, quando Jesus traçara as diretrizes básicas do comportamento cristão para edificação do Reino de Deus.

Centurião era o oficial romano que comandava a centúria, destacamento militar composto de cem soldados.

O militar falou, respeitosamente:

— *Senhor tenho em casa um servo que está de cama, com paralisia, sofrendo horrivelmente.*

Como sempre, Jesus respondeu com brandura, ainda que diante de um inimigo da raça:

Irei vê-lo.

O centurião adiantou:

— *Senhor, eu não sou digno de que entres na minha casa; mas, dize uma só palavra e meu servo será curado, pois também eu, apesar de sujeito a outrem, digo a um dos meus soldados que tenho às minhas ordens: vai ali, e ele vai; e a outro: vem cá, e ele vem; e a meu servo: faze isso, e ele faz.*

Singular o comportamento daquele preposto de César.

Demonstrou invulgar interesse por simples servo e se dispôs a pedir auxílio a um judeu, embora sabendo da aversão que aquele povo altivo nutria pelos romanos.

Podendo ordenar que seus soldados conduzissem Jesus à sua presença, preferiu ir ao seu encontro e, renunciando às prerrogativas do cargo, falou-lhe com humildade.

Suas ponderações revelam um espírito sensível, dotado de fé, fato digno de admiração, principalmente por tratar-se de um pagão.

E libera Jesus do constrangimento de ir à sua casa.

Observando tão grande convicção, proclamou Jesus:

— Em verdade, em verdade, vos afirmo que nem mesmo em Israel encontrei semelhante fé. Também vos digo que muitos virão do Oriente e do Ocidente, e sentar-se-ão no Reino dos Céus com Abraão, Isaac e Jacó, enquanto que os filhos do Reino serão lançados nas trevas exteriores. E ali haverá choro e ranger de dentes.

Abraão, Isaac e Jacó foram os patriarcas mais importantes do povo judeu.

A proclamação de que os filhos de outras terras estariam com eles, enquanto muitos judeus enfrentariam estágios de sofrimento, é significativa.

Com desassombro, Jesus empenhava-se em modificar arraigadas concepções da raça.

Exclusivistas, os judeus julgavam-se detentores das preferências divinas, situando por desprezíveis as convicções alheias.

***

A intolerância religiosa é absurdo inconcebível.

Se a finalidade da religião é nos conduzir a Deus; se o Criador é o pai de todos nós, por que cultivar desentendimentos em nome da crença?

**Deus não tem preferências!
Somos todos seus filhos.**

Infelizmente, o Cristianismo, após três séculos de pureza, seguiu idêntico caminho, embora Jesus deixasse claro, nesta passagem, que seus discípulos viriam do Oriente e do Ocidente, isto é, seriam sempre e unicamente aqueles que vivenciassem seus ensinamentos, não importando nacionalidade, raça ou crença.

Encerrando o diálogo, Jesus disse ao centurião:

— *Vai, e como creste, assim seja feito.*

Mateus informa:

Naquela mesma tarde o servo do centurião foi curado.

Usando de seus prodigiosos poderes Jesus surpreendia seus seguidores com uma cura à distância.

***

O episódio evoca tema fascinante – a intercessão, a possibilidade de intervir por alguém em suas limitações, dores e dificuldades.

Aparentemente contraria a Lei de Causa e Efeito, segundo a qual colhemos de conformidade com a semeadura.

Se alguém está doente ou enfrenta problemas para resgatar dívidas e evoluir, será lícito ajudá-lo?

Ponderação razoável, mas imperioso não esquecer:

A justiça divina impõe que cada um receba conforme suas obras, mas a divina misericórdia determina que todos os sofrimentos sejam amenizados na hora do resgate.

Aqui entra a intercessão, em que nos situamos por instrumentos da ação misericordiosa de Deus.

***

Obviamente, o alcance da intercessão também está subordinado à Lei de Causa e Efeito.

Alguém é muito rico.

Propõe-se a ajudar um amigo com câncer.

Mobiliza os melhores recursos da Medicina. Despende uma fortuna com sofisticados tratamentos.

No entanto, a doença evolui inexoravelmente.

Meses depois, o doente desencarna, cumprindo penoso resgate do pretérito.

Apesar de ampla e poderosa, a intercessão pouco valeu.

Os recursos mobilizados proporcionaram-lhe conforto, amenizaram suas dores, mas ele **passou pelo que tinha de passar**, atendendo às sanções da Lei Divina.

Invertamos a situação.

O intercessor é pobre.

Sem recursos, mas com boa vontade, com sacrifício de suas economias, compra um medicamento feito de ervas, vendido em cidade distante, para tratamento do câncer.

O doente toma o remédio e obtém milagrosa cura.

TUA FÉ TE SALVOU!

A ajuda oferecida foi mínima, mas inteiramente assimilada, transformando-se em veículo de sua recuperação, isto porque o paciente possuía méritos que lhe conferiam a possibilidade de cura.

No episódio evangélico conjugaram-se a intercessão do centurião, o merecimento do servo e os prodigiosos poderes de Jesus.

***

O leitor amigo estará matutando:

De que vale o esforço por ajudar alguém, se o aproveitamento estará condicionado ao seu merecimento?

Mas é justamente por não sabemos dos méritos alheios que somos chamados a fazer o melhor por aqueles que nos rodeiam.

Se as circunstâncias nos colocam em posição de ajudar, seja o pobre, o doente, o amigo, o familiar, certamente ele foi encaminhado até nós para que o socorramos.

Ainda que impossibilitados de livrá-lo do carma, ainda que seja impossível retirar-lhe a cruz, poderemos colocar abençoada almofada sobre seus ombros.

***

Há que se considerar, ainda, algo sumamente importante:

O exemplo.

Impossível dar aos criminosos confinados numa prisão o benefício que mais almejam – a liberdade.

Estão pagando por seus crimes.

No entanto, podemos prepará-los para um futuro melhor, sensibilizando-os com a nossa visita, as manifestações de solidariedade, o convite ao estudo e à oração, o empenho por melhorar sua existência e minorar seus padecimentos.

Por mais endurecido e impenitente seja o indivíduo, não resistirá à força do Bem, quando estivermos dispostos a exercitar bondade com ele.

A Justiça Divina impõe educativo resgate àquele que se envolve com o mal.

Mas Divino Amor, que ajuda sempre, sem questionar méritos, influirá decisivamente na sua redenção.

Considerando a posição da Terra há dois mil anos, uma prisão de segurança máxima (jamais um prisioneiro daqui escapou), onde resgatamos débitos contraídos pelo egoísmo, não merecíamos a presença de Jesus.

Ainda assim, o Mestre veio.

Veio para nos ensinar o altruísmo, que transforma a prisão em abençoado lar.

Há que se considerar, ainda, que também estamos sob a regência da Lei de Causa e Efeito.

Não nos compete, portanto, inquirir se o necessitado merece a ajuda que lhe prestamos.

Convém fazer o melhor por ele, acumulando créditos espirituais que amenizem nossas provações e favoreçam glorioso futuro para nós.

Os benefícios que estendemos ao próximo é investimento de bênçãos para nós.

Jesus assim enfatizou, ao proclamar (Mateus, 16:27):

... a cada um segundo as suas obras.

TAFOFOBIA

Lucas, 7:11-17

Cerca de dez quilômetros a sudeste de Nazaré, na Galiléia, existe ainda hoje, quase em ruínas, a cidade de Naim.

O lugarejo entrou para a história cristã graças a um prodígio operado por Jesus.

Logo após o contato com o centurião, o Mestre ali esteve, numa de suas costumeiras viagens de divulgação da Boa Nova.

Dois grupos se cruzaram:

Um entrava.

Trazia a Vida, a exprimir-se em bom ânimo, alegria, otimismo...

Chegava Jesus, acompanhado de seus discípulos.

O outro saía.

Levava a morte, marcada por desolação e lágrimas.

Partia o cortejo fúnebre do filho único de uma viúva.

Jesus observou a angustiada mãe.

Compadeceu-se dela.

— *Não chores.*

Segurou o esquife, fazendo parar o cortejo.

Dirigindo-se ao finado, disse-lhe:

— *Jovem, eu te digo: Levanta-te!*

Eventuais circunstantes terão considerado que aquele homem esquentara os miolos ante o sol inclemente.

Delirava!

Mas, para estupefação geral, o finado se mexeu!

Como se despertasse de sono profundo, sentou-se na padiola e pôs-se a falar.

Imaginamos o assombro que causou.

Supremo prodígio – ressuscitar o morto!

Empolgados, diziam os presentes:

— *Um grande profeta se levantou entre nós e Deus visitou seu povo.*

Novamente Jesus maravilhava a multidão com seus poderes miraculosos, fazendo alguém retornar da viagem sem volta – a morte.

***

Na atualidade, graças aos avanços da Medicina, temos com frequência, nos hospitais, a *experiência de quase morte*.

O enfartado sofre parada cardíaca.

Morre!

Os médicos atendem prontamente.

Usam modernos recursos de ressuscitamento.

Se o coração não estiver demasiadamente comprometido, poderá retornar à vida.

Alguns pacientes reportam-se a significativas experiências que vivenciam durante esses dramáticos minutos.

- Veem-se fora do corpo, ligados a ele por um cordão, não raro flutuando, a observar a ação dos médicos.

- Viajam vertiginosamente dentro de um túnel.

- Revivem, em poucos minutos, as emoções de toda a existência.

- Conversam com seres espirituais.

Essas experiências fazem parte de mecanismos automáticos que envolvem a desencarnação, espécie de preparo, tomada de consciência do Espírito, no retorno à vida espiritual.

É disparado ante a iminência da morte ou quando ela se consuma.

Se o coração volta a pulsar, imediatamente o paciente perde as percepções espirituais e desperta no corpo.

As pessoas que passam pela EQM encaram a morte com serenidade.

Foram "até lá".

Constataram que não é tão terrível como situa o imaginário popular.

***

Teria ocorrido a EQM na passagem evangélica?

Parece-nos que não.

Não havia o costume de velar o corpo, que era sepultado logo após a morte.

Algumas horas teriam se passado desde o óbito.

Sem oxigenação, em virtude da falência circulatória, as células cerebrais morrem a partir de quatro minutos, consumando a morte.

Richard Simonetti

É irreversível.

Admitamos que Jesus tivesse poderes para superar essa dificuldade, mas é mais provável que a "ressurreição" do filho da viúva de Naim não tenha sido um retorno à vida física.

Apenas um despertamento.

Não estava morto.

Situava-se em *letargia*, estado especial de adormecimento profundo, em que a respiração, as batidas cardíacas e as pulsações tornam-se tão sutis que o indivíduo parece sem vida, até com a palidez e a rigidez que caracterizam os defuntos.

Jesus simplesmente o despertou, como faria em outras oportunidades com a filha de Jairo, chefe da sinagoga de Cafarnaum e Lázaro, irmão de Marta e Maria, duas discípulas, em Betânia.

O leitor perguntará:

– O que sucederia, sem a interferência de Jesus?

Simplesmente o jovem acordaria, antes ou depois do sepultamento.

Na segunda hipótese, não lhe seria agradável a experiência...

***

Muitos sofrem de tafofobia.

O medo de ser enterrado vivo.

Frequentemente, quando abordo o assunto, em palestras sobre a morte, há quem pergunte:

– E se eu passar por transe letárgico e despertar no túmulo?

Costumo responder que haverá duas consequências:

Uma ruim, outra boa.

A ruim:

– Você morrerá, sem dúvida. Em poucos minutos, sufocado, "baterá as botas".

A boa:

– Não haverá despesas com atestado de óbito, caixão, velório, sepultamento...

Essa experiência desagradável pode ser evitada recorrendo-se a caixão com dispositivo especial para pessoas que sofrem de tafofobia.

Se o suposto defunto se mexe, acordando, dispara um alarme que frustra a indesejável ceifeira, avisando o coveiro de que alguém foi sepultado por engano.

Providência mais simples: colocar um telefone celular no caixão.

Imaginemos breve diálogo surrealista, bem capaz de matar de susto o vivo que recebe a ligação do "morto":

– Alô...
– É o fulano.
– ??!!
– Estou vivo! Venha abrir a sepultura!
– Uaaaii!!

***

São numerosos os tafófobos.

Sua origem pode estar em experiências dramáticas, ocorridas em existências anteriores.

Soterramento ou sepultamento em transe letárgico...

Em épocas recuadas, senhores poderosos cultivavam o mau hábito de enterrar vivos seus desafetos.

Não raro os emparedavam, convertendo cubículos, sem portas e janelas, em túmulos de horror. Mulheres condenadas à morte preferiam morrer assim, evitando a humilhação de uma execução pública, sob apupo da multidão.

Tais situações traumatizam a vítima, repercutindo em vidas futuras.

O mais frequente é o Espírito ficar preso ao corpo durante algum tempo, o que lhe impõe a impressão extremamente penosa de que o enterraram vivo.

É o ônus de pessoas presas aos interesses imediatistas, aos vícios e paixões.

***

Há, também, problemas relacionados com fantasias escatológicas.

Noutro dia conversei com um Espírito, em reunião mediúnica.

Estava contrariado, agressivo.

– Vocês não tinham o direito de me acordar! Deveria dormir até o juízo final!

O crente imbuído dessa fantasia tem dificuldade para lidar com a realidade espiritual.

Permanece alienado.

***

A dolorosa experiência de ser sepultado vivo acontecia, não raro, em epidemias e batalhas.

Havia tantos cadáveres, que nem sempre os coveiros improvisados se davam ao trabalho de verificar se o finado finara-se realmente.

Hoje há maior cuidado, evitando sepultamento indevido, envolvendo a letargia. O médico, cuja presença é exigida por lei para firmar o atestado de óbito, identificará facilmente essa situação.

Usando o estetoscópio, ouvirá as batidas cardíacas; examinando os olhos, verá que não há midríase, extremada dilatação da pupila, caracterizando a morte cerebral. Aparelhos podem ser usados – eletrencefalógrafo e eletrocardiógrafo, demonstrando que o cérebro e o coração estão funcionando.

Não há, portanto, por que cultivar a tafofobia.

***

Materialistas perseguem a imortalidade física.

Apelam para a criogenia, o congelamento do cadáver, objetivando futura ressurreição, promovida a partir dos avanços da Ciência.

Nos Estados Unidos há firmas especializadas em manter o cadáver "criogenado" pelo tempo necessário, até que a Medicina descubra a cura para o mal que o vitimou e como reanimá-lo.

Não é para qualquer defunto.

Exige muito dinheiro para garantir, por tempo indeterminado, mediante disposição testamentária, o congelamento.

Uma empresa propõe algo menos dispendioso, ainda assim proibitivo para defuntos de menor poder aquisitivo: a cabeça é cortada e congelada. Concebe-se que futuramente a Ciência terá condições para reanimá-la e arranjar-lhe outro corpo.

Jamais alguém perderá dinheiro apostando na ingenuidade humana!

A criogenia é um engodo.

Consumada a morte, inicia-se o desligamento do Espírito. Inútil, portanto, preservar o corpo.

Fala-se na criogenia em vida.

Em viagens espaciais, por exemplo, o viajante, em plena vitalidade permaneceria congelado por anos, até completar-se a jornada, preservando suas funções vitais.

Ficaria em estado de vida latente.

Talvez essa fantasia se transforme em realidade, em futuro remoto, mas não será boa experiência para o Espírito, ligado a um corpo congelado, vida suspensa.

Algo como morar num freezer!

***

Melhor cuidar de outra viagem, que todos faremos.

O retorno à pátria.

Não somos deste mundo.

Viemos da dimensão espiritual. Retornaremos em breves décadas.

É preciso que nos preparemos, superando o apego às situações transitórias.

Amemos os familiares, cuidemos dos negócios, estimemos conforto e bem-estar, preservemos a saúde, mas consideremos a transitoriedade de tudo isso, cultivando valores de conhecimento e virtude, que *as traças e a ferrugem não destroem nem os ladrões roubam,* como ensina Jesus *(*Mateus, *6:19).*

Então, desaparecerão temores e dúvidas.

Tranquilos e confiantes em Deus, preparados para uma existência melhor, poderemos repetir com o apóstolo Paulo (I Cor. 15:55):

— *Onde está, ó morte, o teu aguilhão?!*

A DÚVIDA DE JOÃO

Lucas, 7:19-22
Mateus, 11:1-11

Logo após o episódio em Naim, Jesus foi procurado por emissários de João Batista, que estava detido (na fortaleza de Maqueronte, a oeste do Mar Morto, na Judéia, segundo o historiador Flávio Josefo).

A prisão fora determinada por Herodes Ântipas, príncipe Judeu a quem Roma delegara poderes para governar a Galiléia. Ocorrera meses antes, quando Jesus estivera em Jerusalém, no início de seu apostolado.

Josefo considera que houve razões políticas.

Herodes admirava o profeta mas temia seu prestígio.

E se promovesse um levante?

Segundo o texto evangélico, havia algo mais.

Herodes apaixonara-se perdidamente por Herodias, esposa de seu irmão Felipe. Abusando do poder, sem nenhum escrúpulo repudiou a esposa, promoveu a separação do casal e desposou a cunhada.

Contra essa união imoral levantou-se João Batista, que continuava suas pregações na Judéia, após apresentar Jesus à multidão, no famoso episódio do batismo, no Rio Jordão.

***

Em várias oportunidades, referindo-se a João Batista, Jesus revelou que era Elias reencarnado. O comportamento de ambos não deixa margem a dúvidas.

Com a mesma veemência que o profeta verberara o comportamento indigno de seus contemporâneos, João condenara a imoralidade do casal.

Irritada com as acusações, Herodias teria sido a grande responsável por sua prisão e morte, influenciando o marido.

É explorada na literatura e no cinema a cena em que Herodes se propõe a atender a qualquer desejo da enteada, filha do primeiro casamento de Herodias, após dança em que a jovem literalmente hipnotizara o monarca com sua sensualidade.

A tradição nos diz que seu nome era Salomé.

Sob orientação da genitora, pediu a cabeça de João Batista.

Pouco depois os guardas traziam, numa bandeja, o macabro troféu.

Toque de horror:

Herodias teria espetado um alfinete na língua que tanto a incomodara.

***

A morte de João Batista remete à Lei de Causa e Efeito.

Elias, em dado momento mandou decapitar centenas de sacerdotes vinculados ao culto de Baal, deus pagão.

Foi lamentável ato de prepotência, pelo qual pagaria oito séculos depois.

O amigo leitor questionará:

Funciona a Lei de Causa e Efeito com tamanho rigor, lembrando a pena de talião da justiça mosaica – olho por olho, dente por dente?

Depende de nosso comportamento.

Apontado por Jesus como *o maior dentre os filhos de mulher*, no seu tempo, aludindo ao seu caráter íntegro, João não era um Espírito de elevada hierarquia, tanto que o Mestre acrescenta que seria *o menor no reino dos céus* (Mateus, 11:11).

Faltou-lhe o exercício de virtudes evangélicas como a prudência, a compreensão, a tolerância, que haveriam de suavizar seu carma.

Intransigente, sempre pronto a verberar azedamente as fraquezas humanas, envolveu-se num assunto que não lhe competia.

Acabou preso e decapitado.

***

Os discípulos de Batista fizeram insólita pergunta:

— *Viemos a mando de João. Ele deseja saber se és aquele que estava para vir, ou devemos esperar outro?*

A dúvida do precursor é surpreendente.

Ele próprio apresentara Jesus, às margens do Rio Jordão, como o mensageiro divino.

Presenciara o notável fenômeno mediúnico, tomado à conta de manifestação do Espírito Santo, quando uma pomba desceu sobre Jesus, enquanto uma voz ecoava dos céus (Mateus, 3:17):

— *Este é o meu Filho bem-amado, em quem me deleito.*

Podemos entender essa contradição.

Basta observar as pregações do precursor, dirigindo-se a fariseus e saduceus (Mateus, 3:7-10):

— Raça de víboras, quem vos preveniu que fugísseis da cóle-
ra vindoura? Produzi, pois, frutos verdadeiros de arrependimen-
to e não penseis que basta dizer: Temos por pai a Abraão. Eu
vos afirmo que até das pedras Deus faz nascer filhos a Abraão.
O machado já está posto à raiz das arvores; toda arvore, pois,
que não produz bom fruto será cortada e lançada no fogo.

Estava imbuído do espírito da raça.

Esperava alguém que libertasse o povo judeu, conduzindo-o à sua gloriosa destinação.

Um grande guerreiro, que reuniria as tribos de Israel e expulsaria o dominador romano.

Seria um novo Moisés, capaz de agir com braço forte, impondo seus princípios, a castigar os maus e recompensar os bons.

***

O comportamento de Jesus, sua mansidão e humildade, a convivência com pecadores e publicanos, tudo isso terá chocado o filho de Zacarias.

Não conseguiu superar as limitações de seu tempo.

Não percebeu que a missão de Jesus transcendia as arraigadas ambições de Israel.

Era o mensageiro divino!

Sua revelação ultrapassava os limites de um povo ou época.

Tinha caráter universal e eterno.

Inaugurava um estilo novo de vida.

Promovia a iniciação humana nos domínios do Amor, que se manifesta no ato de servir, derrubando as barreiras de nacionalidade, raça e crença, para estabelecer o reinado da fraternidade legítima na Terra.

Para tão grandiosa realização não podia dividir os homens em bons e maus, como pretendia João, e proclamar:

— Este para o Reino; aquele para o fogo.

Por isso, convivia com toda gente e tolerava, infinitamente, as imperfeições daqueles que o rodeavam, não se cansando de ensinar e ajudar, amparar e socorrer.

***

Respondendo de forma objetiva às dúvidas de João, Jesus *curou a muitos de enfermidades e males e Espíritos malignos, e deu vista a muitos cegos.*

Depois, mandou um recado:

— *Ide, e anunciai a João o que tendes visto e ouvido: os cegos veem, os coxos andam, os leprosos são purificados, os surdos*

TUA FÉ TE SALVOU!

ouvem, os mortos são ressuscitados e aos pobres é anunciado o Evangelho.

A mensagem de Jesus era muito avançada, mesmo para o precursor; tão avançada que ainda não a assimilamos devidamente.

Estamos mais perto das dúvidas do Batista.

Se detemos alguma sensibilidade, sentimo-nos empolgados com a sublimidade do Evangelho.

Imbuímo-nos de abençoados ideais.

Desejamos ardentemente seguir os passos de Jesus.

Sonhamos edificar o Reino Divino em nossos corações.

Todavia, somos frágeis.

Quando surgem a dor e a dificuldade; quando o caminho se torna pedregoso e árido; quando chega a noite das provações; quando desaba a tormenta das expiações; quando a Lei Divina impõe suas sanções depuradoras, vacilamos...

Então, a irritação, o descontrole, a perturbação, o desânimo, são mensageiros de nossa imaturidade, da crença superficial que se esboroa, como se questionássemos, nas profundezas de nossa alma:

– É Jesus o nosso guia, ou devemos esperar outro?

O PERDÃO DOS PECADOS

Lucas, 7:36-50

Simão, derivado de símio em português, costuma ser associado a macaco.

Na antiga Palestina tinha significado mais nobre:

Alguém que se faz ouvir por Deus.

Várias personagens evangélicas têm esse nome respeitável.

- Pedro e o Zelota, membros do colégio apostólico...

- Um irmão de Jesus...

- Um leproso curado...

TUA FÉ TE SALVOU!

- O pai de Judas Iscariotes...

- O cireneu que ajudou Jesus a carregar a cruz...

Outros aparecem em *Atos dos Apóstolos.*

***

Lucas nos fala de Simão, da casta dos fariseus que, em Cafarnaum, convidou Jesus para refeição em sua casa.

Apesar da hostilidade crescente de preeminentes membros da seita farisaica que o contestavam, o Mestre aceitou, exemplificando boa vontade.

Segundo velho costume romano, imitado pelos judeus, em ocasiões de cerimônia usava-se o triclínio, conjunto de três ou mais divãs, onde os convidados se recostavam, confortavelmente, servidos pelos criados.

O jantar ia em curso, quando bela mulher entrou no recinto.

Trazia um vaso de alabastro, pedra calcária semelhante ao mármore, contendo perfume.

Ajoelhando-se, pôs-se a lavar os pés de Jesus.

Tão intensa era sua emoção que os molhou com as próprias lágrimas. Depois os enxugou com seus cabelos longos e sedosos, pondo-se a beijá-los e ungi-los de perfume.

Algo inusitado, sem dúvida. Chocante!

Não obstante, normal na vida judaica daquele tempo.

Personalidades ilustres eram homenageadas assim, em manifestações de humildade e submissão.

Na última ceia, quando transmitiu as derradeiras instruções, Jesus lavou os pés dos discípulos.

Inverteu as posições, a fim de oferecer a lição inesquecível:

A verdadeira grandeza, habilitando-nos aos páramos celestiais, exprime-se na disposição de servir.

Lá, o maior é aquele que mais serve, disposto a sacrificar-se em favor do bem comum.

***

Simão, o ardiloso hospedeiro, a conhecia e permitira seu ingresso no recinto, tanto que considerou com seus botões:

— Se este homem fosse profeta saberia quem é esta mulher. Trata-se de uma pecadora.

O fato de ter permitido que a "mulher de vida fácil" entrasse em sua casa, evidencia que estava mal intencionado.

Pretendia testar Jesus.

Os grandes profetas da raça, austeros e dotados de sensibilidade, facilmente identificariam a visitante. Jamais permitiriam que os tocasse, atendendo aos rígidos costumes judeus. O contato com prostitutas tornava o homem impuro, algo que lhes seria inconcebível.

O dono da casa saboreava seu triunfo. Desmascarara aquele falso profeta!

Eis, porém, que o visitante voltou-se para ele:

— *Simão, tenho algo a dizer-te.*
— *Fala, Mestre...*
— *Certo homem tinha dois devedores: um devia quinhentos denários e o outro, cinquenta. Não tendo nenhum dos dois com que pagar, perdoou a dívida a ambos. Qual deles, portanto, lhe terá maior amor?*

O denário, moeda romana, equivalia a um dia de trabalho.

Respondeu Simão:

— *Suponho que foi aquele a quem mais perdoou...*

Fitando-o com complacência, Jesus comentou:

— *Julgaste bem.*

E apontando a mulher:

— Vês esta mulher? Entrei em tua casa e não me deste água para os pés; ela, porém os regou com lágrimas e os enxugou com seus cabelos. Não me deste ósculo; ela, porém, desde que entrei, não cessou de beijar-me os pés. Não ungiste minha cabeça com óleo; ela, porém, ungiu com perfume os meus pés. Por isso te digo: perdoados lhe são os pecados, que são muitos, porque ela muito amou; mas aquele a quem pouco se perdoa, pouco ama.

E, dirigindo-se à mulher:

— Perdoados são os teus pecados. A tua fé te salvou. Vai-te em paz!

Os que estavam à mesa comentavam, perplexos:

— Quem é este que até perdoa pecados?

***

Como sempre, Jesus surpreendeu o malicioso opositor com comentários inteligentes, enfatizando inesquecível ensinamento:

A força redentora do amor.

Em Deus, o amor em plenitude.

Evidencia-se nos cuidados divinos.

O Pai não quer perder nenhum de seus filhos – ensina Jesus.

Por isso, jamais nos marginaliza.

Ao em vez de nos aniquilar como à erva daninha, quando nos comprometemos com o mal, concede-nos a bênção de experiências que nos redimem.

Por isso, quando reconhecemos nossos desvios, tanto maior deve ser nossa gratidão e o empenho por corresponder às suas expectativas, quanto maior o abismo em que tenhamos mergulhado.

Legítimo representante da bondade celeste, Jesus convive sem problemas com o fariseu, comprometido com a hipocrisia e com a mulher, comprometida com a prostituição.

O amor jamais discrimina.

***

Mas, se Deus, o amor perfeito, perdoa sempre nossos deslizes, uma juíza incorruptível – a consciência-exige a reparação do mal praticado, impondo-nos dores e angústias que guardam relação com nossos desvios.

Colhemos o mal que semeamos...

Bebemos o fel que instilamos...

Não obstante, feminina em essência, a consciência tem suas doçuras e nos faculta abençoada alternativa:

O exercício do amor, a exprimir-se na disposição de servir.

Foi exatamente o que fez a mulher que procurou Jesus.

Naquele momento não era a pecadora quem ali estava, mas a serva amorosa, disposta a homenagear aquele mensageiro celeste que lhe acenava com uma vida diferente.

***

Há outro aspecto importante:

Fácil dizer:

— Jesus é meu Mestre!

A dificuldade está em ser seu discípulo.

Podemos, como o fariseu, ostentar ligação com Jesus, entronizando em nossa casa imagens e estampas, participando de ritos e rezas, a caracterizar sua presença em nossas vidas.

Mera superficialidade.

O discípulo autêntico cuida de iniciativas mais consistentes:

Procura o mestre em seu coração, consciente de suas misérias morais, sustentando contrição autêntica e inabalável disposição de renovar-se à luz de seus ensinos.

Então sim, estará habilitado ao amor que redime!

A PRESENÇA FEMININA

Lucas, 8:1-3

Dando sequência à divulgação da Boa Nova, Jesus viajava bastante. Desdobrava suas atividades pelas cidades da Galiléia.

Estagiava cada vez menos em Cafarnaum.

Além dos apóstolos, outros aprendizes o acompanhavam.

Havia, ainda, importante grupo que, em face das próprias tradições judaicas, não aparece com destaque nos Evangelhos:

As mulheres.

A participação feminina contrariava os costumes da época.

Anonimato e a subalternidade lhes eram impostos.

Algumas dessas colaboradoras, segundo Lucas,

...haviam sido curadas de Espíritos malignos e de enfermidades.

Possuíam, sem dúvida, faculdades mediúnicas.

Não sabendo lidar com a própria sensibilidade, eram influenciadas por entidades perturbadas e perturbadoras.

Jesus não só as libertara como lhes ensinara o recurso maior para que se conservassem saudáveis, física e psiquicamente:

Servir à causa evangélica.

Quem o faz com dedicação e perseverança, sustenta padrão vibratório elevado, inacessível às sombras.

***

Lucas cita três mulheres, participantes do grupo:

• Maria de Magdala (Madalena)

Magdala é o nome de pequena cidade de onde viera, usado como cognome para distingui-la das outras Marias que aparecem na narrativa evangélica.

Sofrera a influência de Espíritos impuros, afastados por Jesus.

Diz Lucas, textualmente, que:

...dela saíram sete demônios.

Segundo crenças antigas, demônios eram entidades que presidiam os destinos humanos, individual e coletivamente.

Para os judeus eram almas dos mortos, quando se comprometiam com o mal.

Na Idade Média adotou-se a idéia de que são anjos rebelados contra Deus, que pretendem impor seu domínio sobre os homens.

Há um equívoco na informação de que os demônios saíram dela.

Seria, sem dúvida, problemático, imaginar tantos Espíritos instalados no corpo de alguém, como invasores de uma residência.

Mesmo na chamada subjugação, em que há domínio completo, os obsessores não substituem o obsidiado na máquina física, nem coabitam com ele. Apenas impõem sua vontade, induzindo-o a fazer o que não deseja.

Tantos Espíritos juntos passam ideia de uma equipe organizada para atormentá-la, provavelmente exercitando vingança.

A jovem de Magdala tem sido apresentada como símbolo da meretriz arrependida, que se encantou com os ensinamentos de Jesus e modificou os rumos de sua vida, tornando-se ardorosa discípula.

Será?

Não há nenhuma referência ao seu suposto envolvimento com a prostituição.

Essa interpretação equivocada inspira-se no fato de Lucas a apresentar logo após o episódio da pecadora que ungiu os pés de Jesus.

Analisando o texto evangélico, temos uma única certeza:

Maria de Magdala foi curada de uma obsessão.

Situá-la como mundana convertida é exercício de imaginação.

- Joana.

Esposa de Cuza, procurador de Herodes.

Segundo Humberto de Campos, no livro *Boa Nova*, psicografia de Chico Xavier, foi ardorosa discípula de Jesus, de quem recebeu sábios conselhos para lidar com seu marido, homem rico, envolvido com tricas da política e vida desregrada.

Após sua morte, Joana dedicou-se aos labores evangélicos e teria sido martirizada no circo romano, em glorioso testemunho de suas convicções.

- Suzana.

Nada sabemos dela.

Lucas limita-se a enunciar seu nome.

O evangelista observa que havia mais mulheres, sem citá-las nominalmente.

Apenas revela que eram muitas e que colaboravam financeiramente.

***

Destacam-se, ainda, nos Evangelhos:

- Maria, esposa de Alfeu.

Mãe do apóstolo Tiago Menor.

- Maria de Betânia.

Irmã de Marta e Lázaro, este o célebre "ressuscitado".

- Salomé.

Esposa de Zebedeu, mãe de Tiago Maior e João.

***

Há várias passagens evangélicas em que Jesus liberta homens de Espíritos obsessores.

Não vemos os beneficiários dessas curas participando do movimento.

Entre as mulheres, havia inúmeras.

Esse fenômeno é comum. Está presente em todas as religiões.

No Centro Espírita é mais expressivo o contingente de mulheres que frequentam as reuniões e participam de suas atividades.

Um amigo, machista incorrigível, explica:

– Questão de necessidade. A mulher é mais carente, mais frágil, espiritualmente.

Opinião distanciada da realidade.

A alma feminina é mais sensível aos valores espirituais, mais disposta aos testemunhos da fé.

O Homem tende ao materialismo, à preocupação com os negócios...

Envolve-se tanto que não encontra tempo nem disposição para cogitações que transcendam aos interesses imediatistas.

Detalhe significativo:

Várias mulheres acompanharam a via-crúcis de Jesus.

Os homens, com exceção de João, estavam longe...

Temiam represálias.

Tanto quanto Simãos, há várias Marias no Evangelho.

No monte Calvário, acompanhando Jesus, estavam três:

- sua mãe.

- a jovem de Magdala.

- a mãe de Tiago Menor.

Maria, que significa *senhora*, é o nome mais comum nos países cristãos, homenagem às homônimas que aparecem na vida de Jesus, particularmente sua genitora.

Tem doce musicalidade...

Está impregnado de suave magnetismo...

Vibra doce e terno, como uma carícia em nossos ouvidos...

Inspira composições poéticas...

É repositório de consolação para os sofredores...

Significativamente, principia no eme que todos temos na palma da mão...

Observe, leitor amigo.

É a perene homenagem dos Céus a Maria de Nazaré, consagrada, meritoriamente, mãe espiritual da Humanidade.

AS PARÁBOLAS

Mateus, 13:1-23

Marcos, 4:1-20

Lucas, 8:4-15

Certa feita estive em cidade do interior mineiro.

Jornada de palestras espíritas.

Após a reunião, uma senhora comentou que eu por lá passara, perto de quinze anos antes.

Fiquei em dúvida.

– Creio que não...

E ela:

– Recordo até a história que contou, do livro *Os Miseráveis,* envolvendo um homem preso pelo roubo de pães, e como ele foi salvo de retornar às galés, graças à interferência de generoso bispo.

Estava certa.

Esquecera os detalhes mas guardara a narrativa que a resumia.

As histórias constituem notável recurso didático.

Prendem a atenção e estabelecem associação com o cotidiano das pessoas.

A partir daí, gravam-se, indelevelmente.

***

Professor por excelência, Jesus conhecia o poder das histórias.

Passou a usá-las a partir de determinado momento, quando começaram a formar-se multidões para ouvi-lo.

Impraticável, nesses contatos, sustentar diálogos, responder perguntas, oferecer explicações detalhadas...

Mais prático contar histórias.

Ficariam conhecidas como *parábolas*, enfocando o cotidiano judeu, particularmente no campo.

Foram dezenas, algumas breves, outras mais longas, sempre encerrando ensinamentos.

***

Numa pausa em suas viagens, Jesus postava-se junto ao lago de Genesaré, nas proximidades de Cafarnaum.

Peregrinos chegavam, formando multidão.

Poucos guardavam cogitações superiores...

Raros buscavam aprendizado e edificação...

Motivações variadas:

Doenças, problemas, dificuldades...

Invariáveis objetivos:

Favores, benefícios, facilidades...

Foi pensando nisso, talvez, que Jesus contou a primeira parábola:

O semeador saiu a semear...

Uma parte das sementes caiu à beira do caminho; vieram as aves e as comeram.

Outra parte caiu em lugares pedregosos, onde não havia muita terra; não tardou em germinar; mas, quando despontou o sol, ficou crestada e secou por falta de raízes.

Outra parte caiu entre os espinhos; os espinhos cresceram, sufocaram-na e ela não deu fruto algum.

Outra caiu em bom terreno e dava fruto, havendo grãos que rendiam cem, outros sessenta, outros trinta por um.

Quem tem ouvidos para ouvir, ouça...

***

A *palavra do Reino* está contida no Evangelho.

É a semeadura feita pelo pregador protestante, o sacerdote católico, o expositor espírita, com mensagens inspiradas nos princípios que professam, mas identificadas todas no apelo à vivência cristã.

Aos discípulos, intérpretes de sua palavra, explicou Jesus:

Quando alguém ouve a palavra do Reino e não a entende, vem o maligno e arrebata o que foi semeado no seu coração; este é o que foi semeado à beira do caminho.

Solo à margem – os que não assimilam a mensagem cristã.

Por que?

Falta de cultura? Dificuldade de raciocínio?

Negativo!

Ela é de clareza cristalina e pode ser sintetizada em poucas palavras:

Devemos viver com simplicidade, amando a Deus na pessoa do semelhante, conscientes de que as bênçãos que lhe estendermos resultará, invariavelmente, em nosso próprio benefício.

Muito fácil!

O problema é que as pessoas não estão interessadas em assumir compromissos, mudar atitudes, simplificar a existência.

Esperam:

O Jesus que cura...

O Jesus que resolve...

O Jesus que consola...

O Jesus que favorece...

Raros tem ouvidos para o Jesus que nos convoca à mudança de rumo, buscando a própria renovação.

Se não nos sensibilizamos; se não nos dispomos a seguir sua orientação, é como se as sementes caíssem à margem do coração.

São facilmente consumidas pelo *maligno*, as más tendências que existem em nós.

***

O que foi semeado nos lugares pedregosos é quem ouve a palavra e logo a recebe com alegria, mas não tem raiz — crê apenas por algum tempo, e sobrevindo a tribulação ou perseguição, por causa da palavra logo desanima.

Solo pedregoso – os que se entusiasmam com as promessas do Evangelho e formulam ardentes votos de uma vida pautada nas virtudes cristãs.

Contudo, frágil é a sua crença, precariamente fixada em raízes de superficialidade.

Enxergam na mera adesão o toque mágico, capaz de transportá-los para o céu de imerecida beatitude, sem maiores esforços.

Suas boas disposições duram pouco.

Tão logo enfrentam testemunhos envolvendo os problemas da Terra, desanimam.

***

O que foi semeado entre os espinhos é quem ouve a palavra, mas os cuidados do mundo e a sedução das riquezas abafam a palavra e ela fica infrutífera.

Solo espinhento – os que aceitam a mensagem e se beneficiam de suas luzes.

No entanto, convidados a participar do Evangelho, com o esforço do Bem, dedicando algo de seu tempo e de seus recursos ao próximo, vacilam.

Ficam indecisos entre os interesses do mundo e os ideais do Cristo, absolutamente incompatíveis.

Inadmissível o cristão:

- Prejudicar alguém...

- Apegar-se às ambições...

- Sustentar vícios...

- Ignorar as misérias alheias...

- Viver em função de lazeres.

- Não exercitar a fraternidade.

Jesus os convida para as realizações do Céu.

Prendem-se aos interesses da Terra.

***

O que foi semeado em bom terreno é quem ouve a palavra e a aprende; este frutifica e produz cem, a sessenta e a trinta por um.

Solo fértil – os que despertaram para os objetivos da existência.

Sentem que há algo a fazer, que transcende as limitações humanas. Estão dispostos a superar a indiferença que caracteriza o homem comum.

Esclarecidos e conscientes, empenham-se em combater suas limitações e produzem frutos abundantes de trabalho e dedicação ao Bem.

Contribuem decisivamente para a edificação de um mundo melhor.

***

A Doutrina Espírita nos oferece gloriosa visão do Evangelho, situando-o como a suprema mensagem de renovação para a Humanidade e o amoroso convite de Deus para que cumpramos seus desígnios sábios e justos, habilitando-nos à felicidade.

Oportuno, por isso, perguntar, com frequência, a nós mesmos:

Nos campos do coração, em que solo estão caindo as sementes de Jesus?

PARENTELA

Mateus, 12:46-50
Marcos, 3:31-35
Lucas, 8:19-21

A multidão comprimia-se em torno de Jesus, abebe-rando-se de suas lições.

Alguém informou que sua mãe e seus irmãos o procuravam.

Irmãos!?

É o que evidencia o texto evangélico.

Marcos (6:3) cita-os nominalmente:

Tiago, José, Judas e Simão.

E revela que também tinha irmãs.

***

Na Idade Média prosperou a ideia de que o Messias foi concebido pelo *espírito santo*.

Maria teria se conservado virgem.

Como explicar a irmandade?

Duas hipóteses foram desenvolvidas:

- Eram filhos de um casamento anterior de José.

- Eram primos em primeiro grau de Jesus, tomados à conta de irmãos por suposta tradição.

Meras especulações.

Lucas (2:7) destaca que Jesus foi o primogênito (filho mais velho), não o unigênito (único filho).

Maria teve prole numerosa, como era próprio da época, o que apenas a enaltece.

A maternidade é a mais nobre vocação feminina.

Sugerem os textos certa resistência dos irmãos de Jesus às suas idéias.

Provável tenham aderido posteriormente.

Dois deles, Judas Tadeu e Tiago, têm nome de membros do colégio apostólico.

Seriam, talvez, os próprios...

Ao ouvir que sua mãe e seus irmãos o procuravam, perguntou Jesus:

– Quem é minha mãe e quem são meus irmãos?

E, indicando os discípulos:

– Eis aí minha mãe e meus irmãos! Pois quem cumpre a vontade de meu Pai que está nos céus, esse é meu irmão, irmã e mãe.

Estranha reação!

Uma desconsideração com a família, particularmente à doce genitora, por quem sempre demonstrou solicitude.

Sua primeira aparição na vida pública, nas bodas de Caná, deu-se ao lado de Maria.

Sua última preocupação, na cruz, foi com Maria, que confiou aos cuidados do apóstolo João.

Por que, então, essa contradição?

Podemos resolver o assunto considerando dois fatores:

O texto e o contexto.

- Texto – relato do episódio.

- Contexto – circunstâncias que o caracterizam.

Imaginemos que Jesus falava sobre os valores da fraternidade, exaltando a família universal.

Somos todos filhos de Deus.

Ao ouvir que sua mãe e seus irmãos o procuravam, aproveitou o ensejo para ilustrar o ensinamento, proclamando que, acima da consanguinidade, devemos atentar à nossa filiação divina.

Há deveres que precisam ser cumpridos, inerentes a essa condição.

Os evangelistas limitaram-se a registrar a observação de Jesus. Por isso ela repercute, em ouvidos menos avisados, como uma impertinência.

Assim se repete em várias passagens evangélicas.

Experimentamos alguma dificuldade para compreender o pensamento de Jesus, porque temos apenas registros precários, sem que conheçamos as circunstâncias que ensejaram a lição e as explicações posteriores.

Falta o contexto.

***

Segundo Allan Kardec, em *O Evangelho Segundo o Espiritismo*, as observações de Jesus sugerem que há duas parentelas: carnal e espiritual.

TUA FÉ TE SALVOU!

- **Parentela carnal.**

Espíritos ligados pelo sangue, envolvendo pais e filhos, irmãos e irmãs...

Vivendo juntos debaixo do mesmo teto, estão separados, não raro, pela diferença de aptidões, tendências, estágio evolutivo...

As ligações pela carne podem ser constrangedoras, marcadas por intermináveis atritos.

Envolvem pessoas que seguem juntas, mas discordam quanto à direção e a maneira de caminhar.

Se não conseguem ajustar-se, exercitando entendimento, transformam o lar em palco de melodramas patéticos, onde se fazem presentes a frustração, a traição, a agressão, a deserção...

- **Parentela espiritual.**

Espíritos de larga convivência anterior.

Guardam afinidades.

Olham na mesma direção.

Transitam pelos mesmos caminhos.

Sonham as mesmas realizações.

Convivem pacificamente, sustentam-se mutuamente, o que lhes permite enfrentar com segurança os desafios da existência.

***

As ligações geradas pelo sangue podem romper-se com a morte.

As ligações sustentadas pela afinidade estendem-se além-túmulo.

Espíritos afins formam famílias ajustadas e felizes, a estreitarem laços de carinho e solicitude.

Eventualmente, podem não reencarnar juntos.

Indelevelmente, permanecem ligados pelo coração.

Todos temos protetores espirituais, os chamados anjos da guarda, que nos inspiram e ajudam.

Quem são?

Facílimo definir:

Quem melhor que um membro qualificado da família espiritual para desempenhar semelhante tarefa?

Quem o faria com maior dedicação e eficiência?

***

Ante tais considerações, imagino algumas reações:

A esposa

— Agora sei por que é tão difícil conviver com aquela besta que se intitula meu marido. É desafeto do passado que devo aturar para ver-me livre dele no futuro, além-túmulo.

O marido:

– Felizmente aquela megera que se fez mãe de meus filhos vincula-se apenas à família humana. Não terei preocupações quando o diabo a levar...

O filho:

A cegonha deixou-me na porta errada! Não identifico nenhuma ligação com meus pais. São uns quadrados! Só me aborrecem... Logo que puder, darei no pé! Quero distância...

Lamentáveis equívocos.

A convivência com a parentela carnal não é mero teste de tolerância.

A finalidade maior é a harmonização, estabelecendo elos de simpatia e afeto, ainda que sejamos diferentes.

Se apenas toleramos aquele que está a nosso lado, guardando mágoas e ressentimentos, perdemos tempo e semeamos problemas para o futuro.

Detalhes ponderáveis:

Convivendo com a família espiritual, haverá dificuldades se permitirmos que o egoísmo oriente nossas ações.

Quando pensamos muito em nós, há inevitável desgaste nas melhores ligações afetivas, comprometendo-as.

Convivendo com parentela carnal, sem história no pretérito, podemos estreitar laços e ampliar a família espiritual.

O adversário de hoje poderá ser o companheiro querido de amanhã. É para isso que estamos juntos.

Depende de nós.

No livro *Nosso Lar,* psicografia de Francisco Cândido Xavier, André Luiz ouve, surpreendido, sua mãe dizer que reencarnaria para ser novamente esposa de seu pai.

O genitor encontrava-se em lamentável situação espiritual, envolvido com duas entidades femininas às quais se ligara quando encarnado.

As infelizes, que a maledicência humana situaria como desprezíveis adversárias, seriam suas filhas, ensejando valiosas experiências de trabalho e renovação.

E acentua, emocionada:

— E mais tarde... quem sabe? Talvez regresse a "Nosso Lar", cercada de outros afetos sacrossantos, para uma grande festividade de alegria, amor e união...

A mãe de André Luiz, iluminado Espírito, estaria simplesmente ampliando a família espiritual, graças ao seu generoso coração.

Uma representante perfeita da família de Jesus.

***

Todos estimaríamos alcançar esse estágio.

Para tanto, segundo Jesus, é preciso cumprir a vontade de Deus.

Algo complexo...

Saber o que Deus espera de nós...

É tema de uma existência para os filósofos.

É desafio de muitas bibliotecas para os exegetas.

Aqui entra a incomparável sabedoria do Mestre.

Em breve enunciado, ao alcance de todas as inteligências, explica que cumprir a vontade de Deus é fazer pelo semelhante todo o bem que desejamos para nós.

Simples, não é mesmo?

Simples e eficiente, principalmente no lar.

Quando alguém se torna irmão de Jesus a família humana é invariavelmente beneficiada.

Ninguém consegue ficar indiferente a exemplos diários de abnegação e sacrifício, compreensão e renúncia, bondade e discernimento, de que somos capazes, a partir do momento em que nos dispomos a pensar no outro.

Quando, observando o Evangelho e cultivando a fraternidade, deixamos de ver no familiar a besta, a megera, o quadrado, operam-se prodígios de entendimento, ensejando gloriosa realização:

Promover a família humana, convertendo-a em abençoada família espiritual.

ANTE A TEMPESTADE

Mateus, 8:23-27
Marcos, 4:35-41
Lucas, 8:22-25

A tarde caía.

Jesus decidiu atravessar o lago de Genesaré com os discípulos, uma pausa nos labores de atendimento à multidão.

Buscando repousar, recostou-se na popa, enquanto o barco singrava as águas serenas do grande lago.

Súbito, como ocorre com frequência naquela região, o vento soprou forte, levantando ondas ameaçadoras.

Jesus dormia, tranquilo.

Os discípulos, não.

Estavam apreensivos.

O barco jogava muito, parecia prestes a virar. À distância da praia, corriam sério risco!

E porque a situação ficasse cada vez pior, trataram de acordar Jesus:

— Salva-nos, Senhor, que perecemos!

Fitando-os com a tranquilidade de sempre, ele respondeu:

— Por que temeis, homens de pouca fé?

Então ergueu-se, ordenou ao vento que parasse de soprar e ao mar que se acalmasse.

Imediatamente a Natureza o atendeu.

O vento fez-se brisa suave...

As ondas reduziram-se a leves ondulações que beijavam a embarcação.

Os discípulos ficaram pasmos.

— Quem é esse que até os ventos e o mar lhe obedecem?

***

O episódio oferece marcante exemplo dos poderes de Jesus.

Há quem minimize o feito notável, afirmando que o fenômeno é frequente na região, decorrente da canalização de correntes de ar entre as montanhas que cercam o lago.

O vento vem e vai, sopro forte e fugaz.

Essa tese envolve um problema:

A sincronização entre o pedido de socorro dos discípulos e suposta interferência de Jesus, no exato momento em que a ventania deveria cessar.

Extremamente complicado.

Além disso, implicaria admitir um ato de prestidigitação que o situaria como mero mágico, a exercitar sofisticado truque.

Há explicação mais razoável:

Preposto de Deus, que presidiu a formação da Terra e a governa, Jesus detinha poderes para interferir na Natureza.

As ações do Mestre antecipavam o futuro da Humanidade.

Quando assimilar plenamente os valores espirituais exemplificados por Jesus; quando cumprir as leis divinas, superando suas mazelas o Homem terá poderes que o habilitarão a controlar os elementos.

Teremos invernos mais amenos, chuvas menos torrenciais, secas menos devastadoras, favorecendo a bonança.

Sempre produtivo lembrar sua afirmativa (João, 14:12):

— Em verdade, em verdade vos digo que aquele que crê em mim também fará as obras que eu faço.

***

O episódio no lago de Genesaré tem notável conteúdo simbólico.

Podemos situar a jornada terrestre como longa viagem por mares ignotos.

Às vezes, o oceano está belo e calmo.

Seguimos saudáveis e bem dispostos...

Finanças em ordem...

Estabilidade no emprego...

Família em paz...

Sentimo-nos ajustados e felizes...

De repente, sopram os ventos. Levantam-se ondas que nos ameaçam.

Uma doença inspira cuidados...

Somos demitidos do emprego...

Espouca a crise familiar...

Parte o ente querido...

Não raro, experimentamos dificuldade para lidar com essas situações.

Vai a coragem...

Chega o pessimismo...

Nasce o medo...

Falece a esperança...

Manifestam-se a perturbação, o desencanto, a revolta, a rebeldia...

Em casos extremos, há quem resvale para o álcool, as drogas, o desatino, e até o suicídio, essa falsa porta de fuga que apenas nos precipita em sofrimentos mil vezes acentuados.

Por quê?

Falta a fé.

Podemos defini-la como a confiança plena em alguém ou em alguma coisa.

É a bússola, a segurança, o apoio para todas as situações.

Quem a conquistou nunca se perde nos balanços da Vida, quando sopra o vento da adversidade.

Geralmente nos enganamos a respeito da fé.

Julgamos possuí-la.

Nosso comportamento sugere o contrário.

Longa estiagem atormentava a população, em lugarejo do Nordeste.

Quando a situação se tornou intolerável, um grupo de fiéis procurou o padre, na igreja, propondo orações coletivas.

O sacerdote perguntou-lhes:

— Vocês têm fé?

— Temos!

— Acreditam que Deus ouvirá nossas orações?

— Acreditamos!

— Guardam a convicção de que vai se derramar a chuva em breves momentos, torrencialmente?

— Sim, padre!

— Então, por que não trouxeram os guarda--chuvas?

***

O Evangelho de Mateus termina com a divina promessa (28:20):

— Estarei convosco até a consumação dos séculos.

É preciso atentar a essas palavras.

Jesus informa que permanecerá com seus seguidores para sempre.

Beleza! A seu lado a jornada é mais fácil e segura.

Com Jesus não há problema insolúvel, dificuldade insuperável, dor insuportável, desafio invencível...

Com ele não nos assustam as tormentas da existência, nem nos amedrontam os ventos da adversidade.

Contar com Jesus é o nosso grande trunfo em todas situações!

Consideremos porém, que o evangelista reporta-se aos seguidores de Jesus.

Seguidor, como sabemos, é aquele que segue alguém, que lhe observa as orientações e imita os exemplos.

Segundo as recomendações de Jesus, devemos nos amar uns aos outros, renunciar aos interesses pessoais, perdoar as ofensas, eliminar os vícios, vencer a indiferença, superar o comodismo, dispondo-nos a consolar aflitos, medicar enfermos, alimentar famintos, confortar aflitos...

Se faz isso tudo, amigo leitor, parabéns!

A paz e a serenidade, a alegria e o bem-estar certamente são as marcas de seus dias!

Você é um seguidor de Jesus!

A MORTE DOS PORCOS

Mateus 8:28-35
Marcos 5:1-20
Lucas 8:26-39

Jesus e os companheiros atingiram de barco o território de Gerasa, cidade de origem grega que fazia parte da Palestina, conforme a divisão administrativa estabelecida por Roma.

Ao desembarcarem, a surpresa:

Veio ao encontro do grupo um homem nu, esquálido, cabelos em desalinho, extremamente agitado.

Morava num cemitério, nas proximidades. Dormia nos túmulos.

Dia e noite, gritava pelos campos e montes, agredindo-se e ferindo-se com pedras.

Era forte e ameaçador.

Por vezes arrebentava grilhões e cadeias com as quais o prendiam.

Ninguém conseguia dominá-lo.

O povo tinha medo dele.

Por isso vivia por ali, isolado.

***

Quando chegou perto, Jesus percebeu que seu problema era de ordem espiritual, envolvendo a influência de Espíritos.

E ordenou:

— *Espírito impuro, sai desse homem.*

Falando por intermédio de sua vítima, a entidade bradou:

— *Que importa a mim e a ti Jesus, filho de Deus Altíssimo? Rogo-te que não me atormentes!*

Impressionante a influência que Jesus exercia sobre os perseguidores espirituais.

Sentiam sua grandeza moral, seu poder, e logo se aquietavam, submetendo-se às suas ordens.

— *Qual é o teu nome?* — perguntou Jesus.

— Legião é meu nome, porque somos muitos.

Divisão militar romana, a legião compunha-se de seis mil soldados.

Exagero imaginar que tantos Espíritos estivessem a obsidiar aquele homem.

Mas eram muitos, conforme a entidade informa.

Não estariam todos diretamente envolvidos, mas permaneciam no cemitério, absorvendo resquícios de vitalidade dos cadáveres.

***

Ainda que fantasiosa, a lenda dos vampiros, que se alimentam de sangue humano, exprime algo de real.

Há vampiros de energias.

Espíritos presos às sensações humanas, ávidos das emanações dos seres vivos, sugam suas vítimas.

Desvitalizam seus corpos, desajustam seu psiquismo e dominam sua vontade.

Doenças mentais, em que o paciente fica fora de si e acaba no hospital psiquiátrico, podem nascer dessa influência.

***

Nas proximidades pastava grande vara de porcos.

Segundo Marcos, que gostava de dar números, seriam dois mil.

Os Espíritos vampirizadores imploraram a Jesus que não os expulsasse dali.

Que lhes permitisse *entrar naqueles porcos.*

O Mestre concordou.

Então deu-se o inesperado:

Assustados, os animais precipitaram-se num declive, caíram no lago e morreram afogados.

Os guarda-porcos, que tudo presenciaram, apressaram-se em informar seus patrões.

Em breve havia uma multidão no local.

O desvairado homem nu, agora vestido, mostrava-se tranquilo, em perfeito juízo, ele que fora o terror da população.

Segundo o relato evangélico, os moradores do lugar pediram a Jesus que partisse.

O Mestre considerou que seria prudente retirar-se, a fim de evitar tumultos.

Entrava com os discípulos no barco quando o ex-obsidiado pediu-lhe que o deixasse ir também.

Jesus lhe recomendou:

— Vai para tua casa e para os teus, e conta-lhes quanto te fez o Senhor, e como teve compaixão de ti.

Não estava preparado, nem era chegado seu tempo, mas poderia colaborar com a causa evangélica, dando o testemunho das dádivas que recebera.

Os beneficiários de serviços espirituais, desenvolvidos por dedicados instrumentos do Bem, são sempre os mais e eficientes divulgadores desse trabalho.

Isso é frequente no Centro Espírita.

Cresce sempre o número de pessoas que procuram o *atendimento fraterno* e a *fluidoterapia* após ouvirem alguém que recebeu benefícios.

***

Pode parecer estranha a presença dos porcos.

Por que tantos, se os judeus eram proibidos de consumir sua carne?

É que a população da região era predominantemente pagã ou gentílica, sem disciplinas dessa natureza.

Aceitável que houvesse uma suinocultura.

E o estouro da manada, sob influência dos Espíritos?

Estariam os animais também sujeitos a influências espirituais?

TUA FÉ TE SALVOU!

Não tanto quanto os homens, já que não têm o pensamento contínuo e, consequentemente, a possibilidade de sintonia com um perseguidor espiritual.

Mas, podem sofrer certa pressão psíquica e até a vampirização, em que suas energias são sugadas por Espíritos primitivos.

Proprietários de animais domésticos sabem que, não raro, apresentam problemas de saúde ou variações de humor inexplicáveis.

A origem pode estar nessa influência.

Considere-se, porém, que os animais são controlados e conduzidos por espíritos vinculados à Natureza, que os protegem e preservam.

O episódio da morte dos porcos foi algo inusitado.

Objetivava ressaltar os poderes de Jesus.

Demonstrou, também, que os próprios animais podem ser afetados por influências espirituais.

***

Curiosa a reação dos gerasenos, a maioria certamente composta pelos proprietários dos suínos.

Desejaram que os visitantes se retirassem.

Estavam assustados, talvez...

Mais provavelmente, indignados com os prejuízos ocasionados pela morte dos animais.

Seria razoável tal procedimento?

Afinal, o episódio ensejara ganhos a todos:

Jesus afastara uma legião de Espíritos impuros que perturbavam o lugar.

O agressivo doente mental não representava mais perigo, nem voltaria a amedrontar o povo.

No entanto, as pessoas pensaram no prejuízo material, sem cogitar do ganho espiritual.

Frequentemente incorremos nesse engano.

Ficamos aborrecidos, não raro revoltados, com determinadas situações difíceis e problemáticas que nos afligem.

Tempos depois, quando as analisamos sob perspectiva mais realista, constatamos que funcionaram em nosso favor.

Aproximaram-nos da religião, sensibilizaram nossas almas, ajudaram-nos a superar tendências vinculadas ao imediatismo terrestre..

Foram-se os porcos...
Ficaram valores mais altos...
Atendem melhor nossa condição de Espíritos imortais em trânsito pela Terra.

A CURA PELA FÉ

Mateus, 9:20-22,
Marcos, 5:25-34
Lucas, 8:43-48

Quando a mulher tiver o fluxo de sangue, se este for o fluxo costumeiro de seu corpo, ficará sete dias na impureza de sua menstruação, e qualquer que a tocar será imundo até à tarde.

Tudo sobre o que ela se deitar durante a sua impureza será imundo; e tudo sobre o que se assentar será imundo.

Quem tocar em seu leito, lavará suas vestes, banhar-se-á em água e será imundo até à tarde.

Quem tocar em qualquer coisa sobre a qual ela houver sentado, lavará as suas vestes, banhar-se-á em água e será imundo até à tarde.

Quem tocar em alguma coisa que estiver sobre a cama ou sobre aquilo em que ela se sentou, será imundo até à tarde.

Richard Simonetti

Se um homem se deitar com ela e a sua menstruação o atingir, será imundo por sete dias e toda cama sobre a qual ele se deitar, será imunda.

Quando na mulher manar o fluxo de seu sangue por muitos dias, fora do tempo da sua menstruação, ou quando tiver fluxo de sangue por mais tempo do que o costumeiro, será imunda enquanto durar o fluxo, como nos dias de sua menstruação.

Toda cama em que se deitar todos os dias do seu fluxo, ser-lhe-á como a cama da sua menstruação, e toda coisa sobre que se assentar será imunda, conforme a imundície da sua menstruação.

Quem a tocar ficará imundo; portanto lavará as suas vestes, se banhará em água, e será imundo até à tarde.

Quando cessar o fluxo, então se contarão sete dias, e depois será limpa.

Ao oitavo dia tomará duas rolas, ou dois pombinhos e os trará ao sacerdote à porta da tenda da congregação.

Então o sacerdote oferecerá um para oferta pelo pecado, e o outro para holocausto; o sacerdote fará por ela expiação do fluxo da sua impureza, perante o Senhor.

Este texto está no Levítico (15:19-30), terceiro livro do Velho Testamento, que trata, dentre outros assuntos, dos rituais de purificação dos judeus, envolvendo, não raro, o sacrifício de animais e aves.

Usava-se largamente o termo *imundo*, que hoje nos parece chocante, de sentido pejorativo.

É sinônimo de sujo, indecente, obsceno, imoral...
No contexto bíblico, significa *impuro*.
Ocorria em várias circunstâncias:.
Algumas:

- contato com cadáveres.
- comer certos animais – porco, lebre, camelo, coelho...
- parto.
- relações sexuais.
- doenças de pele, particularmente a lepra.

Havia contaminação até nas funções orgânicas naturais e periódicas.

Sabe o prezado leitor que a menstruação ocorre a cada vinte e oito dias, quando não há concepção e é eliminado o berço sanguíneo formado no útero para receber o embrião.

Segundo as prescrições do Velho Testamento, o período menstrual tornava impura a mulher. Era como se houvesse cometido o pecado de contrariar a Natureza, frustrando seu empenho em perpetuar a espécie.

E transmitia impureza a pessoas, móveis, roupas e objetos com os quais tivesse contato.

Eram dias penosos, marcados por cuidados extremados, a fim de evitar contaminações.

Isso lhe impunha certa solidão.

Distanciava-se das pessoas no próprio lar, evitando efusões afetivas, como acariciar um filho.

Se o período era difícil, imaginemos a mulher que, em virtude de problema ginecológico, experimentasse fluxo semelhante a interminável menstruação.

Hoje sabemos que se trata de pequena hemorragia, gerada por variados males, como tumor, distúrbio hormonal, infecção renitente...

Na antiguidade eram precários os recursos médicos.

A paciente ficava, não raro, longos períodos situada por impura, em posição humilhante.

***

Um dos mais belos episódios evangélicos envolve essa situação.

Significativo o título:

A hemorroíssa.

Falam os evangelistas de certa mulher que há doze anos permanecia no catamênio, isto é, menstruada.

Marcos é severo com os médicos.

Afirma que sofrera muito nas mãos deles; consumira em tratamentos variados tudo o que possuía, sem melhorar.

Pelo contrário – ficava cada vez pior.

Paciente ideal para profissionais gananciosos – não sara e não morre...

Já Lucas, que era médico, defende a classe.

Condescendente, limita-se a informar que os colegas não conseguiam curá-la.

Imaginemos seu sofrimento.

Nenhuma mulher acha agradável o fluxo menstrual, acompanhado, quase sempre, de tensão, cólicas, dores, irritação, depressão, angústia...

É como se a Natureza lhe cobrasse o fato de não ter concebido.

Imaginemos a que se sentisse menstruada há doze anos!

***

No *Evangelho de Nicodemos* temos interessante informação:

Aquela mulher era Verônica que, segundo a tradição, limpou o suor sanguinolento da face de Jesus, na via-crúcis.

As feições do Mestre teriam ficado estampadas na toalha.

O leitor poderá imaginar que me equivoquei ao situar como evangelista o fariseu que conversou com Jesus sobre a reencarnação.

Não há engano.

Na Idade Média circulavam muitos Evangelhos – de Maria, de Pedro, de Paulo, de Nicodemos, de Felipe...

Eram dezenas.

Quando São Jerônimo escreveu a Vulgata, a tradução dos textos gregos para o latim, dando origem ao Novo Testamento como o conhecemos, fez um expurgo.

Salvaram-se os quatro conhecidos:

Mateus, Lucas, Marcos e João.

Os demais são considerados apócrifos – falsos ou de autenticidade duvidosa.

Esses quatro evangelistas não se reportam a Verônica.

Por isso seu nome não aparece no Novo Testamento, embora seja venerada como santa.

***

Consideremos, amigo leitor, para efeito de narrativa, que a hemorroíssa era a lendária Verônica.

Ouvira falar de Jesus, conhecia os prodígios que operava.

Tinha absoluta certeza de que o bondoso rabi resolveria seu problema.

TUA FÉ TE SALVOU!

Afinal, estancar o fluxo menstrual era muito mais fácil do que dar visão aos cegos, movimento aos paralíticos, audição aos surdos...

Havia um problema:

Como aproximar-se e lhe dirigir a palavra, sendo impura?

Parecia-lhe impertinência, uma ousadia...

Imenso o peso dos preconceitos que oprimiam a mulher naqueles tempos recuados.

***

Hesitante em princípio, Verônica animou-se com um exercício de lógica cristalina:

Desnecessário falar com Jesus.

O poder que estava em suas mãos e em sua voz impregnava também suas vestes.

Bastaria tocar numa pontinha de sua túnica e seria curada!

Assim, aguardou, ansiosa, a abençoada oportunidade.

Quando o Mestre passou nas imediações, em Cafarnaum, regressando de Gerasa, foi ao seu encontro.

A multidão o cercava.

Vencendo a timidez, com infinito cuidado para não contaminar ninguém com sua impureza, Verônica aproximou-se de Jesus, que caminhava à sua frente.

Foi tomada de indizível emoção!

Finalmente chegara o momento tão esperado!

Estava diante do Messias!

Sem vacilar, estendeu as mãos trêmulas e tocou suas vestes...

Vivesse em nosso tempo e diria ter experimentado suave choque elétrico, um formigamento a expandir-se em seu corpo.

Sentiu, instantaneamente, que o fluxo sanguíneo cessava.

Alcançara a graça sonhada!

Podemos imaginar sua alegria.

***

— *Quem me tocou?*— perguntou Jesus.

Evidentemente sabia quem o fizera.

Apenas desejava exaltar aquela gloriosa manifestação de fé.

Simão Pedro, com o jeito rude que o caracterizava, respondeu:

— *Mestre, a multidão nos comprime. Há muita gente ao nosso redor. Como vamos saber quem o tocou?*

Jesus insistiu:

– *Alguém me tocou. Percebi que saiu de mim um poder.*

Verônica tremeu.

Os doze anos de impureza fizeram dela uma mulher solitária, tímida, temerosa de contato com as pessoas.

Mas, convocada ao testemunho, naquele glorioso momento que haveria de marcar para sempre sua trajetória, não vacilou.

Ajoelhou-se diante de Jesus e relatou suas dolorosas experiências, o mal que a atormentava há doze anos e por que tocara em suas vestes.

Suprema ventura! estava curada!

Jesus ergueu Verônica e, abraçando-a carinhosamente, disse-lhe:

– *Filha, a* **tua fé te salvou!** *Vai em paz e fica livre de teu mal.*

Mais um prodígio extraordinário era operado pelo missionário divino.

Novamente ficava demonstrado:

A fé era a base fundamental para que as pessoas recebessem suas bênçãos.

***

A cura é o prêmio para a fé?

Jesus se recusa a ajudar os que nele não creem?

Certamente, não!

Inaceitável tal comportamento por parte de alguém que veio para acabar com discriminações e preconceitos.

O Mestre ajuda a todos.

Mesmo os incrédulos pertencem ao imenso rebanho humano, conduzidos pelo celeste pastor.

Mas há uma condição estabelecida pelas leis divinas para atendimento de nossas súplicas:

A sintonia vibratória.

Aqui entra a fé, algo tão fundamental à recepção das bênçãos que buscamos, quanto acionar o interruptor para acender a lâmpada ou fazer funcionar o aparelho elétrico.

***

Jesus, caro leitor, não comparece pessoalmente às câmaras de passes, nos Centros Espíritas, onde buscamos cura para nossas enfermidades e lenitivo para nossas dores.

Faz-se representar por mentores espirituais que se utilizam de servidores de boa vontade – os passistas.

À semelhança de Verônica, não é preciso expor mágoas e desejos, nem enunciar problemas e enfermidades...

Basta ter fé, a certeza plena de que seremos agraciados.

Imaginemo-nos a estender as mãos para Jesus, como Verônica...

Haveremos de sentir o poder que flui dos passistas, emanado da espiritualidade, fazendo cessar o fluxo de nossas dores!

OS SERVIÇOS DA SEARA

Mateus, 9:35-38

Ao longo dos meses, Jesus seguia nos abençoados labores.

...percorria todas as cidades e aldeias, ensinando nas sinagogas, pregando o Evangelho do Reino e curando enfermidades. À vista das multidões, compadecia-se delas, porque andavam entregues à miséria e ao abandono, como ovelhas sem pastor.

Então, dizia aos discípulos:

— A Seara, na verdade, é grande, mas os trabalhadores são poucos. Rogai, pois, ao Senhor da Seara que mande trabalhadores para ela.

Seara é a extensão de terra em que se faz o cultivo de cereais.

No contexto evangélico é o campo de atuação do cristão, convocado à edificação do Reino de Deus.

Tem exatamente o tamanho de nosso planeta.

A Terra é a grande Seara.

Os seareiros espalham-se por todos os países, em todas as culturas...

Nem sempre aparecem vinculados ao Cristianismo, mas, invariavelmente, ligam-se às orientações do Cristo, que lhes fala na intimidade de suas almas.

Por isso, há o perfume do Evangelho em todas as religiões, ainda que floresçam nas mais remotas regiões, sem acesso à mensagem cristã.

Grandes líderes religiosos que antecederam Jesus, também foram seareiros, anteciparam algo de suas lições, precursores de sua mensagem.

***

Hoje, como ontem, são escassos os seareiros.

Por quê?

Haverá necessidade de aptidões especiais, curso superior, posição de destaque, inteligência brilhante?

Negativo!

Grandes seareiros são, não raro, pessoas simples, sem títulos acadêmicos, sem primores de cultura.

Podemos entender essa carência a partir da experiência de dedicado e lúcido pregador espírita, que chamaremos Pedro Afonso.

Certa feita decidiu montar singular curso:

Seareiros de Jesus.

Duzentas e vinte pessoas inscreveram-se, animadas pela perspectiva de se integrarem no glorioso grupo.

Na primeira reunião explicou.

– Teremos duas partes em nosso aprendizado: teórica e prática. A primeira pode ser resumida numa palavra: amor. Nele está a essência do pensamento cristão, a base de nossa ação. A dificuldade está na prática, porque poucas pessoas conseguem amar de verdade. A propósito, meus amigos, o que é amar?

Vários alunos evocaram um lugar-comum:

Amar é gostar muito.

– Definição equivocada. Gostar é investimento, implica expectativa, em resultados desejados. O rapaz gosta da namorada porque é bonita e carinhosa...A jovem gosta dele porque é atencioso e inteligente... Algo como experimentar um doce. Gostamos porque é saboroso, satisfaz ao nosso paladar. Por isso as pessoas tendem a desgostar. Ficam saciadas, ou enjoam do sabor, ou o doce estragou, ou desejam experimentar novos sabores... Na rotina da vida conjugal a esposa já não é tão bonita, nem tão atencioso o marido...Há problemas no dia a dia, com a educação dos filhos, as finanças, o relacionamento...Fica amargo, difícil de deglutir!

O expositor fez breve pausa, e acentuou:

– Amar é diferente. É querer o bem de alguém; é trabalhar por esse objetivo, sem cobranças. Exemplo perfeito – o amor de mãe. Ela se preocupa com o filho sempre, ainda que seja um mau caráter, um pilantra que a desrespeita e não corresponde às suas expectativas.

Após breve pausa, Pedro Afonso continuou:

– Jesus recomendava que amemos o próximo como a nós mesmos. A dificuldade em fazê-lo está na falta desse referencial. Por exemplo: Quem fuma?

Vários participantes ergueram o braço.

– Observem como é complicado... Se vocês cultivam um vício que faz muito mal, comprometendo a saúde, é óbvio que não se amam.

Alguém ponderou:

– O fumante revela amor por si mesmo, habilitando-se à tranquilidade e ao estímulo que o cigarro proporciona. Eu fico tenso quando não dou umas baforadas.

Richard Simonetti

– Não confundamos paixão com amor. Paixão é instinto. Busca a satisfação momentânea, sem cogitações mais nobres. Amor é sentimento. Sua suprema aspiração é a felicidade do ser amado. Como o apaixonado por si mesmo, o fumante não tem nenhuma preocupação com as consequências. Por mais que o alertem, não atenta ao fato de que cada cigarro consumido abrevia em onze minutos sua existência, conforme estatísticas; ou que se candidata a ter câncer, enfisema pulmonar, hipertensão, enfarte... Assemelha-se ao maníaco sexual, empolgado pela volúpia do estupro. Sequer cogita de que experimentará a execração pública e passará bom tempo na cadeia por aquela fugaz realização sexual. Quem se ama faz diferente: procura edificar bom futuro, furtando-se a paixões e vícios que satisfazem o presente, mas complicam o futuro.

Pedro Afonso cutucou novamente:

– Tenho outra pergunta: quem consome bebidas alcoólicas?

Ergueu-se uma floresta de braços constrangidos.

Um aluno adiantou:

– O cigarro é sempre nocivo. Com o álcool não é assim, se usado com moderação. Adoro tomar um copo de vinho, diariamente, sem nenhum prejuízo. Ao contrário, os médicos afirmam que favorece o coração, evitando obstruções nas artérias.

TUA FÉ TE SALVOU!

– Você está certo. Entretanto, há uma questão de princípios. Cada garrafa de bebida que adquirimos ajuda a sustentar a indústria que mata mais gente e destrói mais lares do que uma guerra. O seareiro de Jesus não deve fazer isso.

O grupo ouve, atônito, aquelas inusitadas ponderações.

– Vamos adiante. Amar o semelhante, como ensinava Jesus, é querer o seu bem-estar, tanto quanto queremos o nosso. O que vocês se propõem a fazer nesse sentido?

Vários aprendizes manifestaram-se:

– Darei plantão no albergue...
– Atenderei crianças na periferia...
– Visitarei doentes no hospital...
– Participarei da campanha do leite....
– Colaborarei na festa da pizza...
– Conseguirei contribuintes para o Centro...

Pedro Afonso sorriu.

– Tudo isso é importante, mas não basta. Trabalhar na Seara não é compromisso para algumas horas na semana ou alguns dias no mês. Imperioso que haja dedicação plena. O seareiro de Jesus deve estar sempre pronto, em todos os momentos, a fazer algo pelo próximo, seja em casa, na rua, no local de trabalho, no bairro humilde...

Um aluno reclamou:

– Teoricamente é interessante. Na prática não funciona, porquanto nem sempre há ânimo. Afinal, todos temos o nosso carma. Eu, por exemplo, acho muito difícil pensar no próximo, considerando que estou desempregado, com problemas financeiros.

Uma jovem adiantou:

– Quanto a mim, perco a iniciativa por culpa de meu marido. Fico revoltada. Age de forma irresponsável, causando problemas para a família. Carma pesado!

Outra justificou:

– Meu carma é a saúde debilitada. Enfrento frequentemente crises que me perturbam. Nessas horas não tenho cabeça para pensar em vivência cristã. Quero é me isolar!

Animados, vários aprendizes relataram seus dissabores, alegando inibições cármicas relacionadas com profissão, família, saúde...

Após ouvi-los pacientemente, Pedro Afonso esclareceu:

– Não confundamos. Carma é nascer cego ou paralítico; é ter doença grave; é sofrer uma tragédia; é enfrentar a morte prematura de um filho. Cônjuge difícil, problemas familiares, dificuldades financeiras, desajustes físicos passageiros, são meras contingências da jornada humana. Jamais nos perturbarão se os encararmos como espinhos necessários, sinais que Deus coloca em nosso caminho, a fim de que sigamos com cuidado e não nos percamos nos desvios da inconseqüência. O grande problema dos candidatos ao serviço é que dão demasiada atenção aos espinhos. Crescem tanto aos seus olhos, que lhes parecem cruzes imensas, a inibir suas iniciativas, tornando-os incapazes de aproveitar as oportunidades de servir.

— Isso significa — interrompeu um aprendiz —, que devemos servir sempre, em qualquer lugar ou situação?

— Exatamente. O seareiro não perde tempo com lamúrias ou queixas envolvendo circunstâncias ou pessoas; muito menos julga-se um sofredor. Ainda que sustente pesada cruz, invariavelmente faz dela abençoado arado para a lavoura do Bem, edificando aqueles que o rodeiam com a força irresistível do exemplo.

Tempo esgotado, Pedro Afonso fez a recomendação final:

— Meditemos sobre o assunto, meus queridos. Voltaremos a nos reunir amanhã, seguindo em nossos estudos preparatórios para seareiros de Jesus.

Na aula seguinte, sem nenhuma surpresa para o expositor, os duzentos e vinte candidatos estavam reduzidos a uma dúzia.

Todos desejavam o título honroso.

Poucos dispunham-se a assumir os compromissos da Seara, que permanece imensa...

Do tamanho do Mundo!

INSTRUÇÕES AOS SEAREIROS

Mateus, capítulo 10
Lucas, 10: 5-6

A divulgação da Boa Nova pedia empenho de muitos.

Após meses de preparo, Jesus considerou que chegara o momento de convocar os seareiros.

Inicialmente, os doze discípulos que compunham o colégio apostólico.

Breve haveria mais algumas dezenas.

Setenta, segundo o evangelista Lucas.

Imperioso que a mensagem ultrapassasse as fronteiras da Galiléia, derramando-se, em princípio, por toda a Palestina; depois, além-fronteiras, sobre todos os países.

Tanto aos apóstolos, em princípio, quanto aos demais seareiros depois, Jesus instruiu como deveriam proceder nas pregações, nas viagens, no relacionamento com as pessoas, na obtenção dos meios de subsistência...

Orientavam a atividade de um grupo que enfrentaria dificuldades variadas, principalmente a discriminação, a perseguição, a agressão de adversários impermeáveis às novas ideias.

São específicas, mas há algo delas que serve para o nosso cotidiano.

Oportuno observar.

***

Ao entrardes numa casa, dizei:
A paz seja nesta casa.
Se a casa for digna, desça sobre ela a vossa paz; se não for digna, torne para vós a vossa paz.

Seria estranho em nossa cultura, distante dos tempos apostólicos, proclamar, alto e em bom som:

– A paz esteja nesta casa!

Soaria solene e pretensioso, recendendo fanatismo.

– Valha-nos Deus! Chegou o profeta!

No entanto, podemos fazê-lo em pensamento, como uma manifestação de boa vontade em favor daqueles que ali vivem ou desenvolvem alguma atividade.

Se o ambiente não estiver bom; se as pessoas guardarem algo contra nós, nossa boa disposição neutralizará vibrações negativas.

A assimilação depende sempre da sintonia, determinada por nossa atitude mental.

Não há influência nociva que afete alguém que, do fundo d'alma, deseja paz àqueles de quem se aproxima.

***

Eu vos envio como ovelhas ao meio de lobos.

Portanto, sede prudentes como as serpentes e simples como as pombas.

Há sempre algo de fera, a agressividade instintiva, no comportamento humano.

Daí vivermos às voltas com problemas de relacionamento.

Valiosa, pois, essa orientação, envolvendo dois cuidados:

- **Prudência**

A maior parte dos nossos problemas surge a partir de certa impulsividade, que nos leva a agir sem cogitar dos resultados de nossas ações, algo típico da agressividade humana.

Fazemos primeiro; depois pensamos.

Na festa de seu casamento o noivo desentendeu-se com um convidado.

Transtornado, apanhou um revólver e atirou nele. Atingiu uma senhora, que veio a falecer.

O dia que deveria ser lembrado como dos mais felizes, ficou marcado como o mais negro – aquele em que matou estupidamente uma inocente.

– Perdi a cabeça! – lamenta, em desespero.

Perdeu porque a não resguardou, deixando-se dominar pela cólera, péssima conselheira.

- **Simplicidade**

O simples, na acepção evangélica é aquele que tem suas próprias convicções (a moral cristã), e nelas se inspira, sem se deixar corromper por valores estranhos.

Por isso não é afetado pela maldade alheia, nem guarda preconceitos ou faz discriminações.

Não há espaço em sua casa mental para ressentimentos ou mágoas.

Pode até ser considerado debilóide, "sangue de barata", já que não reage às impertinências alheias.

Na verdade apenas exercita bom senso, vivenciando um princípio que o homem comum desconhece:

Responder ao mal com o mal é incorporá-lo.

***

O discípulo não é mais do que o mestre, nem o servo mais do que o seu senhor.

Se Jesus enfrentaria incompreensões e agressões, que seus seguidores não se surpreendessem ao receber idêntico tratamento.

O mal ainda tem largas expressões de domínio na Terra, envolvendo particularmente o mundo espiritual.

Quando alguém se decide a encarar a religião com seriedade, surgem variados problemas em seu dia a dia, como se houvesse a interferência de forças estranhas.

Nossa boa disposição incomoda Espíritos que nos acompanham, que nos exploram o psiquismo, que sugam nossas energias, que compartilham de nossos vícios...

Não pretendem perder o controle sobre nós.

Criam embaraços para que desistamos de nossos ideais.

Fundamental que sejamos perseverantes.

Consideremos que são incomparavelmente mais fáceis os testemunhos de hoje.

Os cristãos primitivos eram convocados a morrer pelo Cristo, lançados às feras ou transformados em tochas vivas.

Hoje espera-se apenas que vivamos como cristãos, fiéis aos nossos princípios.

***

Não se vendem dois passarinhos por um asse? E nenhum deles cairá no chão sem o consentimento de vosso Pai.

E até mesmo os cabelos da vossa cabeça estão todos contados.

Não temais, pois; mais valeis vós do que muitos pardais.

Deus é o Senhor supremo, consciência cósmica do Universo, que conhece até o montante de nossos cabelos.

Nada acontece à sua revelia, mesmo a morte de humilde ave.

O ser humano, situado no mais alto estágio da evolução biológica, capaz de pensar e escolher, é muito mais importante que um pardal.

TUA FÉ TE SALVOU!

Nada há a temer.

Nas piores situações, nos testemunhos mais difíceis, nos problemas mais graves, uma certeza deve ser nosso alento:

Deus está presente!

***

Não penseis que vim trazer paz à Terra. Não vim trazer paz, mas a espada.

Pois eu vim trazer divisão entre o homem e seu pai, entre a filha e sua mãe, entre a nora e sua sogra.

Assim, os inimigos do homem serão os seus próprios familiares.

A mensagem cristã promovia radical mudança no pensamento religioso.

Não mais o deus guerreiro, a pena de talião, os sacrifícios de animais e aves, os rituais exteriores, o ódio aos adversários...

Com Jesus chegavam alvissareiras notícias, alterando substancialmente a natureza de nossas relações com a divindade:

Deus – o Pai.
Templo – o Coração.
Religião – o Amor.
Culto – o Bem

Era toda uma revolução de idéias, a esbarrar em férreas resistências, primeiro dos próprios judeus, depois dos pagãos, ao longo do império romano.

Os cristãos teriam dificuldade para lidar com os próprios familiares.

No livro *Paulo e Estevão,* psicografia de Francisco Cândido Xavier, em que Emmanuel, relata a epopéia do Cristianismo, há a comovente experiência de Paulo de Tarso.

Após sua conversão ele ficou em situação difícil.

Os cristãos duvidavam dele. Afinal, fora o grande perseguidor do movimento, responsável pela morte de Estevão, o primeiro mártir da igreja nascente.

Os adeptos do judaísmo o encaravam como desprezível desertor. Traíra a Lei, aderindo ao carpinteiro.

Carente de apoio, Paulo procurou seu pai, em Tarso, confiante de que receberia amparo.

O pai o amava, mas estava comprometido com os preconceitos da raça. Não aceitou aquela mudança. Impôs ao filho que escolhesse entre Jesus e Moisés.

Paulo nutria carinho especial pelo pai, mas não podia negar suas convicções.

Desolado, deixou a casa paterna.

Algo semelhante tem acontecido com o Espiritismo que, como o Cristianismo primitivo, rompe com tradições milenares e revive os ideais evangélicos de reforma íntima e comunhão espiritual.

Há problemas quando a família guarda outras convicções. Isto porque, por ignorância ou má fé, seus preceptores afirmam que o Espiritismo é obra do demônio e que belzebu se manifesta nos Centros Espíritas.

Sem negar nossos princípios, será sempre proveitoso sustentar comportamento tão evangelizado, tão nobre, tão voltado para o Bem e a Verdade, que nossos familiares acabem reconhecendo que nossa crença vem de Deus, faz de nós pessoas boas, cordatas, pacientes, caridosas...

***

Quem achar a sua vida perdê-la-á, e quem perder a sua vida por minha causa, achá-la-á.

Temos aqui instrutivo paradoxo.

No sentido humano, achar a vida é conquistar poderes e riquezas; desfrutar de conforto e bem-estar.

Muitos sentem-se realizados ao alcançar esses objetivos.

Na verdade, perdem tempo.

Quando a morte vem buscá-los, verificam, desolados, que não podem levar os bens que acumularam na Terra – propriedades, empresas, dinheiro, títulos, riquezas, jóias...

É tudo confiscado na "alfândega do Além".

Regressam atormentados e infelizes, mendigos de paz, a lamentar o tempo perdido.

Já aqueles que cultivam os valores espirituais, que se desapegam dos interesses materiais, muitas vezes ouvem de familiares e amigos:

– Você está perdendo a existência! está deixando o tempo passar sem aproveitá-la...

Abençoada perda! Graças a ela ganhamos algo infinitamente mais importante:

A Vida em plenitude!

A Vida que circula em nossas veias, quando nosso cérebro povoa-se de ideais e o nosso coração pulsa ao ritmo do Bem.

PÃES E PEIXES

Mateus, 14:13-21
Marcos, 6:30-44
Lucas, 9:10-17
João, 6:1-14

Passaram-se semanas, envolvendo viagens dos apóstolos que, segundo as orientações de Jesus, divulgavam a Boa Nova, curavam enfermidades e expulsavam Espíritos impuros.

Seus feitos não foram registrados pelos evangelistas.

Eram meros coadjuvantes naquela gloriosa história de amor entre o missionário divino e a Humanidade.

Retornando a Cafarnaum, reuniram-se com Jesus para contar-lhe suas experiências e receber novas instruções.

Tinham muito a dizer e ouvir.

Pretendendo reunião reservada, Jesus retirou-se com eles para região pouco habitada, perto de dez quilômetros a noroeste de Betsaida.

Seguiram de barco pelas águas tranquilas, à alguma distância da praia.

Não obstante, as pessoas seguiam por terra.

A notícia se espalhava; mais gente surgia a cada momento.

Quando desembarcaram estava diante deles uma multidão.

Perto de cinco mil homens, conforme estimativa dos evangelistas.

Muita gente, principalmente se considerarmos o tamanho das cidades na Galiléia. Algumas não passavam de aldeias, com poucas centenas de habitantes.

A afluência, contudo, se justificava.

Jesus era o taumaturgo, o fazedor de milagres.

Ninguém mais disposto a viajar até os confins do Mundo, que o doente portador de mal insidioso, se lhe acenarem com as perspectivas de cura.

Natural que viesse gente de todas as regiões; gente que, ontem como hoje, vai longe para afastar males que voltam sempre...

Assim será, até que todos nos disponhamos a jornada diferente, muito mais proveitosa: em nosso universo íntimo, buscando o autoconhecimento em empenho de renovação.

Conforme demonstra a Doutrina Espírita, nossos males são decorrentes de mazelas e viciações.

São sustentados pelo mal que existe em nossos corações.

***

Compadecendo-se, Jesus adiou a conversa com os discípulos e, em pleno campo, como tanto apreciava, atendeu à multidão.

Socorreu, durante horas, necessitados de todos os matizes, curando-os de seus males.

Sobretudo, ofereceu-lhes as bênçãos da palavra, orientando-os para uma existência mais produtiva e tranquila.

À tarde os discípulos lhe disseram:

— Este lugar é deserto e a hora está avançada; despede as multidões para que, indo às aldeias, possam comprar seus alimentos.

Respondeu Jesus:

— Não precisam ir; dai-lhes vós de comer.

Os discípulos assustaram-se.

— *Não temos aqui senão cinco pães e dois peixes.*

O Mestre não se perturbou.

Recomendou que dividissem a multidão em grupos de cinquenta pessoas. Sentassem todos na relva miúda que crescia naquela época do ano.

A divisão em grupos facilitava a distribuição e favoreceu aos evangelistas o levantamento de quantas pessoas estavam presentes.

Jesus tomou os cinco pães e os dois peixes e, erguendo o olhar para o Céu, rendeu graças a Deus.

Partindo os pães, entregava-os aos discípulos, juntamente com os peixes, para que fossem distribuídos...

Eles espantavam-se: quanto mais distribuíam, mais pães e peixes surgiam!

O povo saciou-se à vontade.

Ao terminarem, restou alimento suficiente para encher doze cestos.

***

Este episódio é tão incrível que parece fantasia.

Há quem o situe como uma das muitas parábolas de Jesus, a demonstrar que Deus sempre envia o sustento para os filhos que apelam para sua misericórdia.

TUA FÉ TE SALVOU!

Atestando sua autenticidade temos o fato de que foi relatado pelos quatro evangelistas.

Dois deles, João e Mateus, estiveram presentes.

Noutra passagem, Mateus e Marcos reportam-se à segunda multiplicação de pães e peixes, quando foram alimentadas quatro mil pessoas.

Provável tenham ocorrido outros, não registrados...

Jesus ratificava seus extraordinários poderes.

***

Como explicar o prodígio?

A fé ingênua o situará como milagre, insondável intervenção divina.

Melhor, como ensina a Doutrina Espírita, exercitar a *fé racional*, buscando respostas.

Há várias possibilidades:

- Hipnose

Jesus teria sugestionado as pessoas presentes, sustentando alucinação coletiva.

Esta hipótese não resiste ao fato de que, após a distribuição, os discípulos colheram doze cestos de pães e peixes, algo objetivo e palpável que não se acomoda nos estreitos limites da sugestão hipnótica.

- Transporte.

Fenômeno em que seres e coisas podem ser transferidos de um local para outro, como nas casas mal-assombradas, bombardeadas por chuvas de pedras, sem que se vejam os autores da proeza.

Jesus teria retirado considerável quantidade de pães e peixes de casas ou estabelecimentos comerciais.

A hipótese esbarra num problema ético.

Não seria honesto surripiar tanto alimento, algo incompatível com a moral evangélica

- Transmutação.

Os prepostos espirituais de Jesus, atendendo ás suas determinações, transubstanciaram a matéria, retirando da Natureza os componentes necessários para produzir pães e peixes.

- Ideoplastia.

O pensamento é uma forma de energia gerada pela mente.

Controlada e dirigida, assume formas variadas.

Se um grupo de pessoas concentrar-se, imaginando pães e peixes, um vidente os enxergará.

Se ali estiverem médiuns de efeitos físicos, oferecendo suporte para o fenômeno, o alimento poderá tornar-se visível, palpável e consumível.

Esta nos parece a hipótese que melhor explica o fenômeno produzido por Jesus.

– Bela fantasia! – proclamará o leitor.

Para nós, sem dúvida.

Para um Espírito superior, preposto de Deus, como Jesus, algo perfeitamente viável.

Estamos tão longe de fazê-lo quanto viajar para outra galáxia.

A Humanidade dos próximos milênios, suficientemente desenvolvida nos domínios da ciência e da espiritualidade, o fará corriqueiramente.

***

Tão importante quanto o prodígio operado por Jesus é o simbolismo que encerra.

Milhares de pessoas foram beneficiadas por um homem e doze companheiros, mobilizando vigorosos poderes espirituais.

Algo semelhante se repete, sempre que um grupo de pessoas disponha-se a mobilizar outro recurso, não menos prodigioso.

A boa vontade!

Os hospitais, as casas de saúde, os lares da infância e da velhice, os albergues, as escolas, as centenas de casas de auxílio, vinculadas ao Espiritismo e a outros movimentos religiosos, valem-se dela.

Com ela multiplicam-se na Terra as bênçãos do Céu e os recursos não param de chegar.

Difícil é encontrar gente disposta a arregaçar as mangas e servir – o resto é simples.

Onde há boa vontade nunca faltam pães e peixes para alimentar a multidão.

SOBRE AS ÁGUAS

Mateus, 14:24-33
Marcos, 6:47-52
João, 6:16-21

A multidão, empolgada com a multiplicação dos pães, queria coroar Jesus rei dos judeus.

O Mestre, prudentemente, após recomendar aos discípulos que tomassem o barco e partissem, afastou-se subindo um monte, nas proximidades.

A iniciativa não surpreendeu os companheiros.

Ele estimava a soledade.

Há dois tipos:

Solidão vazia:

O homem em conflito íntimo, incapaz de relacionar-se com o semelhante...

Solidão dadivosa:

O homem que se recolhe para falar com Deus.

Era o que Jesus fazia.

Nesse contato íntimo com o Criador, nos domínios do coração, marcado pela prece e a meditação, buscava:

- Alento para os mais duros testemunhos...

- Poder para os mais notáveis prodígios...

- Inspiração para os mais sublimes discursos...

***

Embora houvesse recomendado que partissem, os discípulos o esperaram por algum tempo.

Ao escurecer resolveram ir, imaginando que o Mestre os seguiria pela praia.

Soprava vento forte.

O barco movia-se com lentidão.

Na quarta vigília da noite não haviam avançado mais que vinte e cinco a trinta estádios.

É frequente, nos textos evangélicos a expressão *vigília*, para definir em que parte da noite deu-se determinada ocorrência.

Vem de uma disciplina militar romana – a troca de sentinela.

O período noturno era dividido em quatro vigílias:

- *Tarde*, das 18 às 21 horas;

- *Noite*, das 21 às 24 horas;

- *Canto do galo*, das 24 às 3 horas.

- *Manhã*, das 3 às 6 horas.

Quanto ao *estádio*, era medida grega, correspondente a cento e oitenta e cinco metros.

Isto posto, concluímos que, por volta de três da madrugada, o barco avançara perto de cinco quilômetros.

***

Lutando contra o vento, os apóstolos perceberam um vulto ao longe.

Incrível! Alguém a andar sobre as águas!

Um fantasma!...

Ficaram apavorados!

Ontem, como hoje, os Espíritos inspiram medo.

Maior foi o susto ao ouvirem uma voz.

O fantasma lhes falava!

Pior! Aproximava-se do barco!

Paralisados pelo medo, fizeram o que as pessoas costumam fazer em semelhante situação:

Puseram-se a gritar, a plenos pulmões!

Em breves instantes, o medo virou espanto.

Era Jesus!

Caminhava sobre as águas, como quem pisa terra firme.

E lhes dizia:

— *Coragem, sou eu. Não tenhais medo!*

Simão Pedro, o mais ardoroso e também o mais impulsivo do grupo, ergueu-se.

— *Se és tu, Senhor, ordena que eu vá ao teu encontro!*

Jesus sorriu e o chamou:

— *Vem!*

Empolgado, o apóstolo deixou o barco.

Sob intensa emoção, viu-se caminhando sobre as águas.

Mas o vento era forte, agitadas as ondas…

Vacilou.

Em pânico, sentindo-se a afundar, clamou:

–*Salva-me, Senhor!*

Jesus, agora a seu lado, estendeu-lhe a mão e o ajudou a entrar no barco.

Depois, perguntou, bem-humorado:

– *Homem de pouca fé! Por que duvidaste?!*

Os discípulos, empolgados, reconheciam, uma vez mais, que estavam diante de alguém muito especial.

De prodígio em prodígio, de lição em lição, Jesus preparava os companheiros para as tarefas árduas do porvir, sedimentando em seus corações a convicção que lhes permitiria enfrentar árduos testemunhos.

Nada deveriam temer.

Aquele profeta poderoso, que curava todos os males e realizava os mais incríveis prodígios, haveria de protegê-los sempre.

***

Não é difícil definir a natureza do fenômeno operado por Jesus:

A *levitação*.

Com o concurso de forças imponderáveis, que se sobrepõem à gravidade, indivíduos e objetos sustentam-se no ar.

A literatura psíquica é pródiga em exemplos.

Carmine Mirabelli, no Brasil, durante as décadas de trinta e quarenta, erguia-se do solo, causando assombro. Há fotografias que o mostram volitando.

No século passado, o médium inglês Daniel Douglas Home, participava de reuniões onde, em transe, levitava. Para não deixar nenhuma dúvida a respeito, os Espíritos que controlavam o fenômeno, o faziam sair por uma janela e entrar por outra. Essas experiências eram feitas sob rigoroso controle, atestando-se sua legitimidade.

Na igreja católica há centenas relatos sobre levitação, envolvendo sacerdotes que, em face de prodígios dessa natureza que constam de sua biografia, tomados à conta de milagres, foram canonizados.

Conta-se que São Pedro de Alcântara, frade franciscano espanhol, era frequentemente observado, durante suas meditações, a pairar muitos metros acima do solo. Não raro, imerso em seus pensamentos, atravessava rios caminhando sobre eles, como o fizera Jesus.

Na Índia, faquires exercitam a levitação, submetendo-se a rigorosas disciplinas.

Na Idade Média, período de obscurantismo, em que as médiuns eram acusadas de feitiçaria, usava-se inacreditável *teste do absurdo* que, invariavelmente, terminava com a morte das infelizes:

Media-se sua *leveza sobrenatural*, demoníaca, a capacidade de levitar.

Amarrava-se a suposta feiticeira com cordas e pesos e a lançavam no rio.

Se boiasse, sem afundar, ficava demonstrada sua ligação com o demônio.

Imediatamente à conduziam a fogueira.

Se afundasse, afogando-se, vinha a "piedosa" proclamação:

Morrera inocente...

***

A levitação envolve o desenvolvimento de poderes espirituais, auxílio espiritual e, sobretudo, grande fé.

Dedicado sacerdote, homem santo, perguntou à jovem:

— Minha filha, por que sempre chega atrasada ao culto?

— É que dependo da barca para atravessar o rio. Costuma demorar. O que devo fazer?

Richard Simonetti

– Tenha fé! Ore. Peça inspiração ao Céu para superar essa dificuldade.

Nas semanas seguintes não houve problema.

Ela chegava cedo, até com boa antecedência.

O sacerdote ficou curioso:

– Como resolveu o problema?

– Segui suas instruções. Exercitei a fé e pude dispensar a barca. Atravesso o rio caminhando sobre as águas.

Ele considerou, com seus botões:

"Se simples aprendiz é capaz, também o farei."

Foram ao rio.

À sua frente, a jovem seguiu, tranquila, levitando.

Cuidadoso, ele ergueu a batina até os joelhos e iniciou a travessia.

No primeiro passo afundou.

– Não consigo! – gritou.

Ela, olhando para trás:

– Faltou fé, padre.

– Como sabe?

– O senhor ficou com medo de molhar a batina.

***

Esta anedota enfatiza a importância da fé.

Simão Pedro desejou ardentemente ir ao encontro de Jesus.

Acreditou que se o Mestre ordenasse, poderia andar sobre as águas.

Saiu do barco, deu alguns passos, mas teve medo.

A partir desse momento começou a afundar.

Observamos que a ligação com Jesus envolvia seus sentimentos.

Confiando, pôde ser amparado.

Ao vacilar, temeroso, perdeu a sustentação.

Aos primeiros contatos com a mensagem cristã, ficamos empolgados.

Animamo-nos.

Desejamos, ardentemente, ir ao encontro do Cristo.

Almejamos a integração nos serviços do Evangelho.

É algo sublime, indescritível!

É como se flutuássemos sobre as misérias humanas.

Todavia, o entusiasmo é fugaz.

Passadas as primeiras emoções, ao peso de nossas próprias fragilidades, vacilamos, perdemos o estímulo, o entusiasmo, e afundamos no oceano de nossas contradições e desenganos...

E que seria de nós, se múltiplas vezes o Cristo não nos tivesse erguido, oferecendo-nos renovadas oportunidades de ir ao seu encontro, com o amparo de seus mensageiros?

Após tais crises, quando tomamos consciência de nossa fragilidade, geralmente nos sentimos envergonhados.

E se prestarmos atenção ao que vai em nossa consciência, perceberemos, claramente, Jesus a nos a dizer, na acústica d'alma:

– Ah! homem de pouca fé!

***

Mais um pouco e o grupo estaria de retorno a Cafarnaum, completando nova etapa, no desdobramento da gloriosa missão de Jesus.

Ela se estenderia, ainda, por vários meses, até a jornada final em Jerusalém.

Então o Mestre daria gloriosos testemunhos daquela fé viva que se sobrepõe às fragilidades humanas para a edificação do Reino de Deus.

BIBLIOGRAFIA DO AUTOR

01 – **PARA VIVER A GRANDE MENSAGEM**   **1969**
Crônicas e histórias.
Ênfase para o tema Mediunidade.
Editora: FEB

02 – **TEMAS DE HOJE, PROBLEMAS DE SEMPRE**   **1973**
Assuntos de atualidade.
Editora: Correio Fraterno do ABC

03 – **A VOZ DO MONTE**   **1980**
Comentários sobre "O Sermão da Montanha".
Editora: FEB

04 – **ATRAVESSANDO A RUA**   **1985**
Histórias.
Editora: IDE

BIBLIOGRAFIA DO AUTOR

05 – **EM BUSCA DO HOMEM NOVO** 1986
Parceria com Sérgio Lourenço
e Therezinha Oliveira.
Comentários evangélicos e temas de atualidade.
Editora: EME

06 – **ENDEREÇO CERTO** 1987
Histórias.
Editora: IDE

07 – **QUEM TEM MEDO DA MORTE?** 1987
Noções sobre a morte e a vida espiritual.
Editora: CEAC

08 – **A CONSTITUIÇÃO DIVINA** 1988
Comentários em torno de "As Leis Morais",
3a. parte de O Livro dos Espíritos.
Editora: CEAC

09 – **UMA RAZÃO PARA VIVER** 1989
Iniciação espírita
Editora: CEAC

10 – **UM JEITO DE SER FELIZ** 1990
Comentários em torno de
"Esperanças e Consolações",
4a. parte de O Livro dos Espíritos.
Editora: CEAC

BIBLIOGRAFIA DO AUTOR

11 – ENCONTROS E DESENCONTROS **1991**
Histórias.
Editora: CEAC

12 – QUEM TEM MEDO DOS ESPÍRITOS? **1992**
Comentários em torno de "Do Mundo Espírita e
dos Espíritos",2a. parte de O Livro dos Espíritos.
Editora: CEAC

13 – A FORÇA DAS IDEIAS **1993**
Pinga-fogo literário sobre temas de atualidade.
Editora: O Clarim

14 – QUEM TEM MEDO DA OBSESSÃO? **'1993**
Estudo sobre influências espirituais.
Editora: CEAC

15 – VIVER EM PLENITUDE **1994**
Comentários em torno de "Do Mundo Espírita e
dos Espíritos", 2a. parte de O Livro dos Espíritos.
Sequência de Quem Tem Medo dos Espíritos?
Editora: CEAC

16 – VENCENDO A MORTE E A OBSESSÃO **1994**
Composto a partir dos textos de Quem Tem Medo
da Morte? e Quem Tem Medo da Obsessão?
Editora: Pensamento

BIBLIOGRAFIA DO AUTOR

17 – **TEMPO DE DESPERTAR** 1995
Dissertações e histórias sobre temas de atualidade.
Editora: FEESP

18 – **NÃO PISE NA BOLA** 1995
Bate-papo com jovens.
Editora: O Clarim

19 – **A PRESENÇA DE DEUS** 1995
Comentários em torno de "Das Causas Primárias",
1a. parte de O Livro dos Espíritos.
Editora: CEAC

20 – **FUGINDO DA PRISÃO** 1996
Roteiro para a liberdade interior.
Editora: CEAC

21 – **O VASO DE PORCELANA** 1996
Romance sobre problemas existenciais, envolvendo
família, namoro, casamento, obsessão, paixões...
Editora: CEAC

22 – **O CÉU AO NOSSO ALCANCE** 1997
Histórias sobre "O Sermão da Montanha".
Editora: CEAC

23 – **PAZ NA TERRA** 1997
Vida de Jesus – nascimento ao início
do apostolado.
Editora: CEAC

BIBLIOGRAFIA DO AUTOR

24 – ESPIRITISMO, UMA NOVA ERA 1998
Iniciação Espírita.
Editora: FEB

25 – O DESTINO EM SUAS MÃOS 1998
Histórias e dissertações sobre temas
de atualidade.
Editora: CEAC

26 – LEVANTA-TE! 1999
Vida de Jesus – primeiro ano de apostolado.
Editora: CEAC

27 – LUZES NO CAMINHO 1999
Histórias da História, à luz do Espiritismo.
Editora: CEAC

28 – TUA FÉ TE SALVOU! 2000
Vida de Jesus – segundo ano de apostolado.
Editora: CEAC

**29 – REENCARNAÇÃO – TUDO O QUE VOCÊ
PRECISA SABER** 2000
Perguntas e respostas sobre a reencarnação.
Editora: CEAC

30 – NÃO PEQUES MAIS! 2001
Vida de Jesus – terceiro ano de apostolado.
Editora: CEAC

BIBLIOGRAFIA DO AUTOR

31 – **PARA RIR E REFLETIR** 2001
Histórias bem-humoradas, analisadas à luz da
Doutrina Espírita.
Editora: CEAC

32 – **SETENTA VEZES SETE** 2002
Vida de Jesus – últimos tempos de apostolado.
Editora: CEAC

33 – **MEDIUNIDADE, TUDO O QUE VOCÊ**
PRECISA SABER 2002
Perguntas e respostas sobre mediunidade.
Editora: CEAC

34 – **ANTES QUE O GALO CANTE** 2003
Vida de Jesus – o Drama do Calvário.
Editora: CEAC

35 – **ABAIXO A DEPRESSÃO!** 2003
Profilaxia dos estados depressivos.
Editora: CEAC

36 – **HISTÓRIAS QUE TRAZEM FELICIDADE** 2004
Parábolas evangélicas, à luz do Espiritismo.
Editora: CEAC

37 – **ESPIRITISMO, TUDO O QUE VOCÊ**
PRECISA SABER 2004
Perguntas e respostas sobre a Doutrina Espírita.
Editora: CEAC

BIBLIOGRAFIA DO AUTOR

38 – **MAIS HISTÓRIAS QUE TRAZEM FELICIDADE** 2005
Parábolas evangélicas, à luz do Espiritismo.
Editora: CEAC

39 – **RINDO E REFLETINDO COM CHICO XAVIER** 2005
Reflexões em torno de frases e episódios
bem-humorados do grande médium.
Editora: CEAC

40 – **SUICÍDIO, TUDO O QUE VOCÊ PRECISA SABER** 2006
Noções da Doutrina Espírita sobre a
problemática do suicídio.
Editora: CEAC

41 – **RINDO E REFLETINDO COM CHICO XAVIER** 2006
Volume II
Reflexões em torno de frases e episódios
bem-humorados do grande médium.
Editor: CEAC.

42 – **TRINTA SEGUNDOS** 2007
Temas de atualidade em breves diálogos.
Editora: CEAC

43 – **RINDO E REFLETINDO COM A HISTÓRIA** 2007
Reflexões em torno da personalidade de figuras
ilustres e acontecimentos importantes da História.
Editora: CEAC

BIBLIOGRAFIA DO AUTOR

44 – **O CLAMOR DAS ALMAS** 2007
Histórias e dissertações doutrinárias.
Editora: CEAC

45 – **MUDANÇA DE RUMO** 2008
Romance.
Editora: CEAC

46 – **DÚVIDAS E IMPERTINÊNCIAS** 2008
Perguntas e respostas.
Editora: CEAC

47 – **BEM-AVENTURADOS OS AFLITOS** 2009
Comentários sobre o capítulo V, de O Evangelho
Segundo o Espiritismo.
Editora: CEAC

48 – **POR UMA VIDA MELHOR** 2009
Autoajuda e orientação para Centros Espíritas.
Editora: CEAC

49 – **AMOR, SEMPRE AMOR!** 2010
Variações sobre o amor, a partir de O Evangelho
segundo o Espiritismo.
Editora: CEAC

50 – **O PLANO B** 2010
Romance.
Editora: CEAC

142

BIBLIOGRAFIA DO AUTOR

51 – **BOAS IDEIAS** 2011
Antologia de 50 obras do autor.
Editora: CEAC

52 – **A SAÚDE DA ALMA** 2011
Histórias e reflexões em favor do bem-estar.
Editora: CEAC

53 – **O RESGATE DE UMA ALMA** 2012
Romance.
Editora: CEAC

54 – **O GRANDE DESAFIO** 2012
Roteiro para a vivência espírita.
Editora: CEAC

55 – **DEPRESSÃO – UMA HISTÓRIA DE SUPERAÇÃO** 2013
Romance.
Editora: CEAC

56 – **O HOMEM DE BEM** 2013
Reflexões sobre o enfoque de Allan Kardec, em
O Evangelho segundo o Espiritismo.
Editora: CEAC

57 – **PARA GANHAR A VIDA** 2014
Histórias e dissertações doutrinárias.
Editora: CEAC

BIBLIOGRAFIA DO AUTOR

58 –   **CONTRA OS PRÍNCIPES E AS POTESTADES**   **2014**
Romance enfocando reuniões mediúnicas.
Editora: CEAC

59 –   **PARA LER E REFLETIR**   **2015**
Temas de atualidade.
Editora CEAC

60 –   **AMOR DE PROVAÇÃO**   **2015**
Romance enfocando um drama de amor
Editora CEAC

61 –   **MORTE, O QUE NOS ESPERA**   **2016**
Dissertações em torno da 2ª. parte do livro
O Céu e o Inferno, de Allan Kardec.
Editora CEAC

62 –   **UMA RECEITA DE VIDA**   **2016**
Roteiro para uma existência feliz.
Editora CEAC

63 –   **O QUE FAZEMOS NESTE MUNDO?**   **2017**
Reflexões sobre a existência humana.
Editora CEAC